分県登山ガイド 11

千葉県の山

中西俊明・植草勝久・伊藤哲哉・田口裕子 著

山と溪谷社

分県登山ガイド―― 11

千葉県の山

目次

●本文地図主要凡例●

紹介するメインコース。

本文か脚注で紹介しているサブコース。一部、地図内でのみ紹介するコースもあります。

Start Goal Start Goal 225m
出発点／終着点／出発点・終着点の標高数値。

管理人在中の山小屋もしくは宿泊施設。

紹介するコースのコースタイムのポイントとなる山頂。

コースタイムのポイント。

管理人不在の山小屋もしくは避難小屋。

千葉へ
袖ケ浦市
館山自動車道
姉崎袖ケ浦IC
ひがしよこた
木更津北IC
五井へ
養老川
うまたて
かずさうしく
笠森観音
長柄町
茂原市
千葉へ
もばら
長生村
九十九里有料道路
茂原長南IC
やつみ
一宮川
409
市原市
かずさつるまい
50 笠森グリーンルート
長南町
128
かずさいちのみや
一宮町
まくた
JR久留里線
圏央道
木更津東IC
たかたき
市原鶴舞IC
睦沢町
とらみ
410
高滝湖
小湊鉄道
297
おびつ
いたぶ
たいとう
小櫃川
くるり
8 三石山① ・猪ノ川渓谷
つきざき
5 鹿野山② 九十九谷
9 三石山② ・元清澄山①
大多喜町
ちょうじゃまち
夷隅川
6 鹿野山③ 秋元城址
かずさおおくぼ
おおたき
いすみ鉄道
2 大福山・梅ケ瀬渓谷
ようろうけいこく
こやまつ
くによし
465
かずさかめやま
25 高宕山① 八良塚
おおはら
26 高宕山② 志組林道
養老渓谷・粟又の滝 1
かずさなかの
いすみ市
27 高宕山③ 石射太郎
3 三條大塚山 七面山
JR外房線
なみはな
房総スカイライン
小糸川
7 石尊山
17 清和県民の森③ 三島湖
御宿町
15 清和県民の森① 笠石・寂光不動
おんじゅく
16 清和県民の森② 豊英大滝
11 麻綿原高原・清澄山
10 元清澄山②
清澄寺
12 内浦山県民の森
勝浦市
18 安房高山・請雨山
かつうら
19 三郡山 笹子塚
うばら
13 八幡岬・官軍塚
八幡岬
あわあまつ
あわこみなと
かずさおきつ
22 嶺岡馬ノ背
鴨川市
なめがわアイランド
20 嶺岡浅間
23 愛宕山・二ツ山①
あわかもがわ
入道ヶ岬
14 魚見塚・鴨川松島
21 高鶴山
ふとみ
49 鳥場山・花嫁街道
えみ
48 経塚山
JR内房線
わだうら
みなみはら
太平洋

千葉県の山 全図

6 石尊山 本書で紹介する山名とコース番号
◎ ○ 市役所・町村役場
16 国道と国道ナンバー
高速道路・自動車専用道路
JR線
JR新幹線
私鉄線
N
1:300,000
0
10km
東京湾
川崎へ
東京湾アクアライン
そでがう
木更津市
きさらづ
木更津南JCT
木更津南IC
きみつ
あおほり
君津IC
君津市
富津岬
16
465
富津市
127
おおぬき
① 鹿野山 マザー牧場
さぬきまち
JR内房線
富津中央IC
浦賀水道
横須賀市
観音崎
うらが
神奈川県
横須賀線
134
くりはま
けいきゅうくりはま
相模湾
かずさみなと
湊川
東京湾フェリー
みさきぐち
京浜急行
たけおか
富津竹岡IC
梨沢・七ツ釜渓谷
31
房州アルプス
32
富津金谷IC
28 鋸山① 裏鋸コース
29 鋸山② 観月台コース
30 鋸山③ 車力道コース
33 三浦三良山
はまかなや
24 大山千枚田 二ツ山②
34 嵯峨山・スイセンピーク
三浦市
ほた
鋸南保田IC
剱崎
城ケ島
35 スイセンロード周遊
37 津森山・人骨山
あわかつやま
鋸南富山IC
38 伊予ヶ岳
36 とみやま水仙遊歩道
鋸南町
39 富山
いわい
42 岩婦湖
41 大日山② 坊滝コース
42 木ノ根峠
40 御殿山・大日山①
丸山川
南房総市
とみうら
富浦IC
44 大房岬
なこふなかた
43 海老敷金比羅山 滝田城址
館山湾
128
たてやま
45 沖ノ島
館山市
ここのえ
ちくら
洲崎
45 房ノ大山
平砂浦
高塚山 47
46 館山野鳥の森
410
野島崎

概説 千葉県の山

中西俊明

千葉県といえば、誰もが南房総《みなみぼうそう》や九十九里浜《くじゅうくりはま》をイメージするだろう。周辺の大部分が太平洋や東京湾に接しているため、海との関係は極めて深いものがある。それだけに、山との関わりは希薄だと思われがちである。

たしかに千葉県には「山」とよべるほどの山地はなく、地理学上でも「山地」ではなく、「丘陵」に分類されている。千葉県の最高峰である愛宕山《あたごやま》が４０８メートルで、これは全国都道府県の最高峰の中で最も低い。

その愛宕山をはじめ、標高が高い丘陵は千葉県南部の房総半島に集中している。この房総の山々は複雑かつ起伏に富んだ地形と、温暖な気候、多雨の影響で、うっそうとした樹林が茂っている。

したがって、千葉には高い山こそないものの、山深い様相を見ることは充分にできる。一歩山に足を踏み入れると、動植物など豊富な自然が残されていることにも気づくだろう。

房総の山々を訪れると、海沿いのお花畑には、冬でも菜の花やキンセンカ、スイセンの花が咲き、ひと足早い春の花を楽しむことができる。また海岸線に近い山々では、磯の香りと冬の日差しを肌で感じながら、気軽に山登りが楽しめる。

房総の山、千葉県の山は、花と海が特徴の素朴な山々がいくつも存在することを、本書を通して知っていただければと思う。

●千葉県の山系

県内の代表的な山には鋸山《のこぎりやま》、清澄山《きよすみやま》、鹿野山《かのうざん》、富山《とみさん》、三石山《みついしやま》、高宕山《たかごやま》、烏場山《からすばやま》、高塚山《たかつかやま》などがある。いずれの山も山頂に寺院、祠が安置され、地元の人に古くから「信仰の山」として崇められ、登られてきたことがわかる。

房総の山々は、清澄山系を核の山塊として、半島を東西に横切る主稜が中心になっている。主稜から何本かの支稜が北に派生し、主稜の東端は太平洋に面したおせんころがしである。内浦山《うちうらやま》県民の森、清澄山、元《もと》清澄山、安房高山《あわたかやま》へと進み、鋸山が西端になっている。この主稜は標高が３００～３５０メートルで、東西約36キロの長さである。

主稜の清澄山・麻綿原《まめんばら》高原から北に派生する支稜には石尊山《せきそんざん》や大《だい》福山《ふくざん》が房総の中部山稜を形成し、東京湾へのびている。この山域は養老《ようろう》川と小櫃《おびつ》川にはさまれ、登山者の多い山域だ。また、主稜の三《み》郡山《こおりやま》付近からはもう1本の支稜が北に、小糸《こいと》川と湊《みなと》川の間にのびている。この支稜は山深く、野生ザルの生息地・高宕山、マザー牧場で知られる鹿野山など、特徴的な山が多い。

清澄山系の主稜と並行して、南

伊予ヶ岳から双耳峰の富山と山麓田園風景を見る

津森山周辺の冬の山里を彩るスイセン畑

側には嶺岡《みねおか》山系がある。明るく牧歌的な嶺岡浅間《みねおかせんげん》や、408メートルで県内最高峰の愛宕山などがある。さらに、嶺岡山系の西方には千葉県では数少ない鋭い岩峰の伊予《いよ》ヶ岳《たけ》や、里見八犬伝ゆかりの富山など、人気ある山が連なっている。

渓谷は新緑や紅葉が美しい養老渓谷、梅《うめ》ヶ瀬《せ》渓谷、猪《い》ノ川《かわ》渓谷をはじめ、本格的な沢歩きが楽しめる梨沢《なしざわ》、水量豊富で豪快な粟又《あわまた》の滝などがある。

●千葉県の水系

利根《とね》川を除く千葉県の代表的な河川は、いずれも清澄山系の主稜が分水嶺になっている。清澄山系が房総半島の南東に位置しているため、房総の河川は北に流れ出ている。養老川、小櫃川は清澄山周辺を源頭にもち、美しい滝や渓流を形成して東京湾に流れている。主稜から太平洋に注ぐ河川の代表が夷隅《いすみ》川である。

●山々の四季

気候が温暖な房総の山々は、晩秋から春にかけてがベストシーズンだ。11月中旬から12月上旬にかけては山々が紅葉し、美しい光景を見せてくれる。養老渓谷や梅ヶ瀬渓谷をはじめ、猪ノ川渓谷などは、これが千葉の山かと目を疑うほど色鮮やかな紅葉を楽しむことができる。1～2月は大気が澄み、鋸山や富山の山頂からの眺望がよいところから、「十州一覧台」とよばれ、東京湾越しに三浦《みうら》半島、富士山、白峰《しらね》三山の絶景が楽しめる。また、南房総市の高塚山や鋸南《きょなん》町の山里では、キンセンカやスイセン、菜の花が

夕木川・筒森もみじ谷の紅葉

咲き乱れる。鹿野山周辺のマザー牧場では4月中旬に菜の花と桜が咲き、春爛漫の光景が見られる。7~9月は暑くなるので、あまり歩かれないが、アジサイの咲く麻綿原高原や、渓流遊びが楽しい養老渓谷は7月中旬~8月上旬がベストシーズンとなる。近年は濃溝《のうみぞ》の滝などが絶景ポイントとして人気がある。

●本書で取りあげた山々

房総の山々で道が整備されている山を中心にコースを選定している。また、山以外でも、「関東ふれあいの道」の中から数コースを選んだので、目的にあったコースを見つけて、房総の自然に触れていただきたい。

なお、東京大学千葉演習林への立ち入りは事前の許可が必要であり、現状は教育・研究の目的に限り許可されている。したがって本書で紹介している08三石山①・猪ノ川渓谷など、千葉演習林内にコースがある場合は、右記の目的にマッチした計画を立てるか、春・秋に行われる一般公開日を利用しよう。

菜の花と桜咲く春のマザー牧場と房総の山並み

●アクセス

本書の紹介コースは房総半島の全域に分散し、登山口へのアクセスはJR内房《うちぼう》線、JR外房《そとぼう》線、JR久留里《くるり》線、小湊《こみなと》鉄道、いすみ鉄道の各駅が利用されている。また、近年では高速バス路線が充実し、東京駅八重洲《やえす》南口から「房総なのはな号」、バスタ新宿(新宿駅新南口)から「新宿なのはな号」、千葉駅から「南総里見号」などが館山《たてやま》、安房白浜《あわしらはま》方面に運行されている。「房総なのはな号」「新宿なのはな号」「南総里見号」はハイウェイオアシス富楽里《ふらり》や、とみうら枇杷倶《びわく》楽部《らぶ》、潮風王国などに停車する。ハイウェイオアシス富楽里は36とみやま水仙遊歩道や39富山、とみうら枇杷倶楽部は44大房岬《だいぶみさき》、潮風王国は47高塚山の起点として利用できる。ここで紹介した以外にも利用可能な路線やバス停があるので、便数、所要時間などを事前に調べてから利用したい。

公共交通機関の便数が少ないコースはマイカーやタクシーを積極的に利用しよう。また、地域のコミュニティバスは時刻などが変わることがあるので、利用する際は各市町村の関連部門に問い合せる

鋸山・東京湾を望む展望台からは富士山がみごと

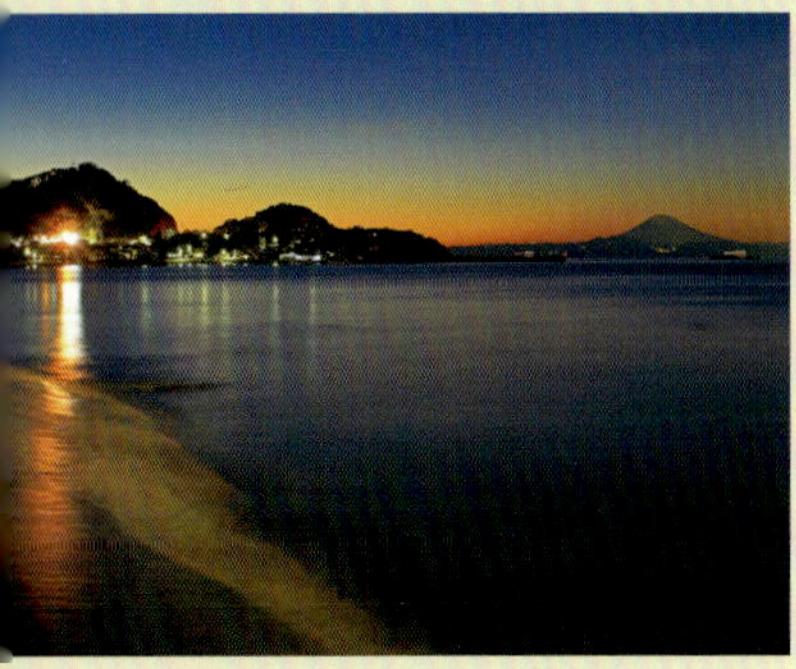

館山湾から望む夕暮れの富士山

とよい。

●登山上の注意点

標高が低く、山に入ると特徴的な尾根がないことで、自分の位置の特定が難しいことが千葉県の山の特徴のひとつでもある。遊歩道や道標が整備されているコースがある一方で、整備が行き届いていないコースも多く、小さな道標のみのコースもある。道迷いを防ぐには、道標を見落とさないこと、そして踏跡に迷いこまないように注意したい。

房総半島南東部、内浦山県民の森、麻綿原高原、清澄山周辺の日が差さない湿った林床にはヤマビルが生息している。4月から11月に活動するので、吸血されないように。また、スズメバチやマムシなどにも注意して房総の山を楽しみたい。

2019年9月の台風15号などで、各所の登山コースで崩壊や倒木などが多数発生、大きな被害を受けた。大部分のコースでは修復整備が進み通行が可能になっている。一方、清和県民の森などでは復旧が進んでいないコースがある。計画にはコース状況を関連部門に問合せてから出かけてほしい。

白間津のお花畑

本書の使い方

■日程　千葉市や東京駅、新宿駅を起点に、アクセスを含めて、初級クラスの登山者を想定した日程としています。

■歩行時間　登山の初心者が無理なく歩ける時間を想定しています。ただし休憩時間は含みません。

■歩行距離　2万5000分ノ1地形図から算出したおおよその距離を紹介しています。

■累積標高差　2万5000分ノ1地形図から算出したおおよその数値を紹介しています。は登りの総和、は下りの総和です。

■技術度　5段階で技術度・危険度を示しています。は登山の初心者向きのコースで、比較的安全に歩けるコース。は中級以上の登山経験が必要で、一部に岩場やすべりやすい場所があるものの、滑落や落石、転落の危険度は低いコース。は読図力があり、岩場を登る基本技術を身につけた中〜上級者向きで、ハシゴやクサリ場など困難な岩場の通過があり、転落や滑落、落石の危険度があるコース。は登山に充分な経験があり、岩場や雪渓を安定して通過できる能力がある熟達者向きで、危険度の高いクサリ場や道の不明瞭なやぶがあるコース。は登山全般に高い技術と経験が必要で、岩場や急な雪渓など、緊張を強いられる危険箇所が長く続き、滑落や転落の危険が極めて高いコースを示します。千葉県の山はが最高ランクになります。

■体力度　登山の消費エネルギー量を数値化することによって安全登山を提起する鹿屋体育大学・山本正嘉教授の研究成果をもとにランク付けしています。ランクは、①歩行時間、②歩行距離、③登りの累積標高差、④下りの累積標高差に一定の数値をかけ、その総和を求める「コース定数」に基づいて、10段階で示しています。が1、が2となります。通常、日帰りコースは「コース定数」が40以内で、〜（1〜3ランク）。激しい急坂や危険度の高いハシゴ場やクサリ場などがあるコースは、これに〜（1〜2ランク）をプラスしています。また、山中泊するコースの場合は、「コース定数」が40以上となり、泊数に応じて〜もしくはそれ以上がプラスされます。千葉県の山の場合はが最高ランクになります。

紹介した「コース定数」は登山に必要なエネルギー量や水分補給量を算出することができるので、疲労の防止や熱中症予防に役立てることもできます。体力の消耗を防ぐには、下記の計算式で算出したエネルギー消費量（脱水量）の70〜80パーセント程度を補給するとよいでしょう。なお、夏など、暑い時期には脱水量はもう少し大きくなります。

	時間の要素		距離の要素		重さの要素
行動中のエネルギー消費量（kcal）＝	1.8×行動時間（h）	＋	0.3×歩行距離（km）＋10.0×上りの累積標高差（km）＋0.6×下りの累積標高差（km）	×	体重（kg）＋ザック重量（kg）
＊kcalをmlに読み替えるとおおよその脱水量がわかります	山側の情報 ―「コース定数」				登山者側の情報

グラフ—千葉県の山の魅力

◉撮影／中西俊明

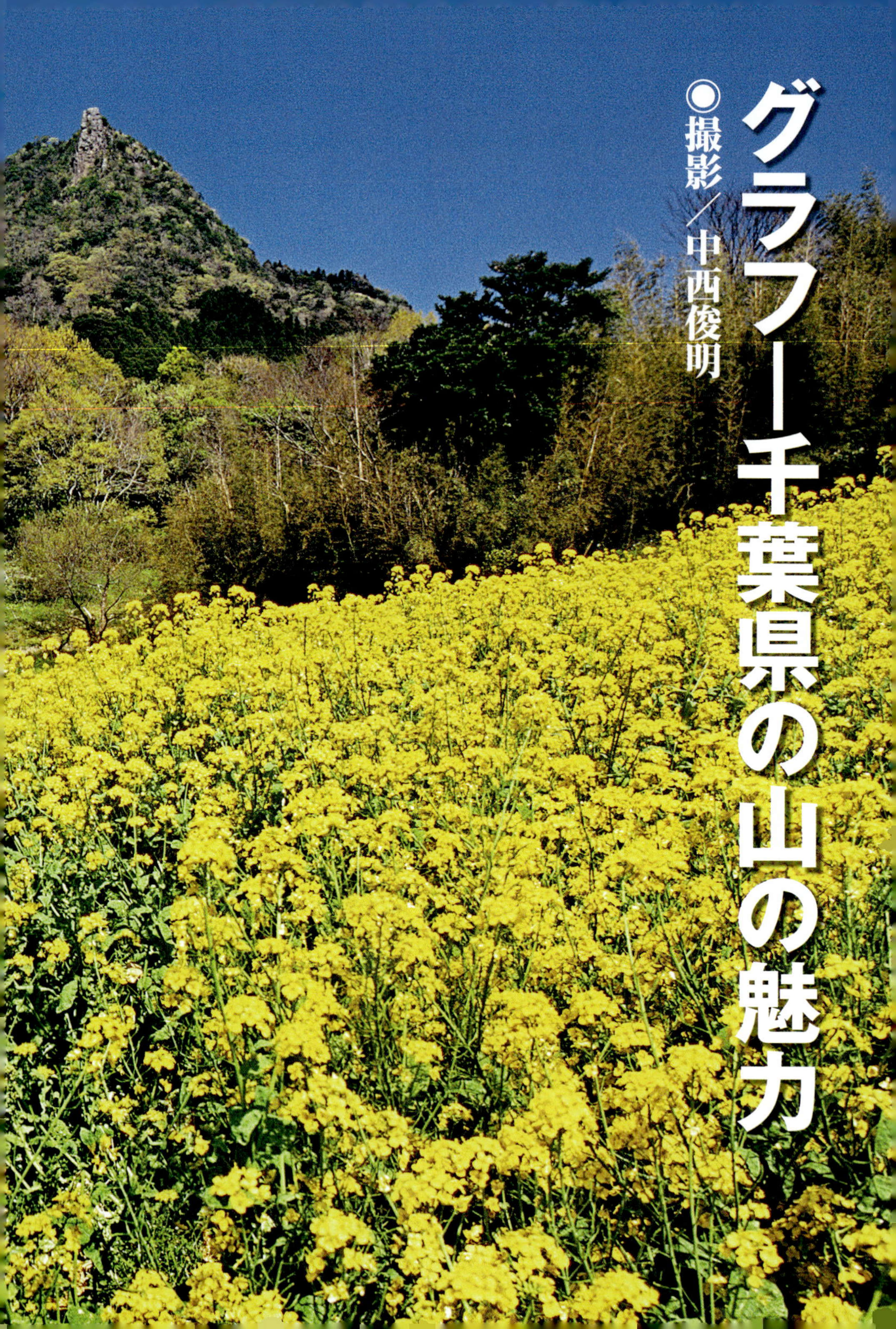

菜の花畑から望む伊予ヶ岳（4月）

御殿山に登ると富山の背後に白銀の富士山が望める

嵯峨山の下貫沢出合付近にはスイセンの群生地があり、その美しさに感動させられる

濃溝の滝は房総を代表する絶景ポイントだ

粟又の滝に朝の斜光が差すとひときわ美しく輝く

01

養老渓谷・粟又の滝

房総随一の渓谷美と名瀑を結ぶコース

ようろうけいこく あわまたのたき
100～135m

日帰り

歩行時間＝3時間40分
歩行距離＝10.0km

技術度
体力度

コース定数＝**14**	
標高差＝54m	
累積標高差	↗434m ↘403m

　房総《ぼうそう》半島を横断する養老川は、清澄《きよすみ》山地を源にして東京湾に注いでいる。全長75㌔で、千葉県4番目を誇り、上流では房総一の名瀑・粟又の滝や渓谷美の養老渓谷を見ることができる。おすすめは11月下旬～12月上旬の紅葉期。渓谷沿いのモミジが真っ赤に染まり、豪快な滝と清流の組み合わせがすばらしい。この時期が最もにぎわうが、5～6月の新緑の季節にも訪れたい。

　養老渓谷と粟又の滝周辺は滝めぐり遊歩道が整備され、誰でも気軽に彩り豊かな渓谷美を楽しむことができる。ここでは養老渓谷と粟又の滝を結ぶコースを歩いてみよう。コース途中の禅宗の古刹・水月寺《すいげつじ》ではイワツツジ、フィナーレの滝見苑《たきみえん》ではおいしい食事を楽しむことができる。

　小湊《こみなと》鉄道**養老渓谷駅**前を右に進み、踏切を渡る。清流が見下ろせる宝衛《ほうえい》橋の先では、道標にしたがって、二分する道を左に緩く登る。直進すると大福山《だいふくざん》、梅《うめ》ヶ瀬《せ》渓谷方面に行くので、間違えないようにしよう。

　舗装された味気ない道を進むと、白鳥《しらとり》橋への分岐が現れる。大

人気スポットの粟又の滝は豪快で美しい

■鉄道・バス
往路＝JR内房線五井駅から小湊鉄道に乗り換え、上総中野、養老渓谷行きに乗る。午前中は7時以降3便のみ、五井駅から養老渓谷駅まで所要時間は1時間5分ほど。乗車券はフリー乗車券を購入すると、往路・復路で別々に購入するより安い。
復路＝粟又の滝バス停から養老渓谷駅、上総中野駅行きのバス便を利用する。
■マイカー
養老渓谷駅前付近に駐車場（約40台・有料）があるので利用できる。紅

葉シーズンの週末は養老渓谷、粟又の滝方面は渋滞する。

■登山適期

4月の桜、新緑から紅葉が散った12月中旬までが登山適期である。最も美しい時期は渓谷が紅葉に彩られる11月下旬～12月上旬。

■アドバイス

▽共栄橋から水月寺付近まで車道を約3・8㌔歩くので車に注意のこと。

▽滝めぐり遊歩道と粟又の滝を楽しむ場合は、小沢又、粟又の滝付近の駐車場を利用して周回すると核心部のみを効率よく楽しめる。

▽滝めぐり遊歩道は大雨直後には崩壊で通行止めになることがある。

▽紅葉がベストな時期は12月上旬で、渓谷に太陽の光が差す午前中の時間帯がおすすめ。

▽粟又の滝から養老渓谷駅、上総中野駅行きのバス便は土・日曜、祝日と平日で便数が異なるので事前に調べておくとよい。

▽小湊鉄道は紅葉シーズンの週末には混雑するため、養老渓谷駅から座れないこともある。

■問合せ先

大多喜町商工観光課☎0470・82・2111、小湊鉄道☎0436・21・6771、小湊バス大多喜車庫☎0470・82・2821

■2万5000分ノ1地形図

大多喜・上総中野

滝めぐり遊歩道では美しい紅葉が楽しめる

きくカーブする道を下れば、養老渓谷の清流にりっぱな橋がかけられている。白鳥橋を渡って養老温泉郷に入り、右手に赤い**観音《かんのん》橋**を見ながら渓谷沿いに車道を進む。旧養老館手前から渓谷に下り、人工の「飛び石」で対岸に渡る。渓谷では水遊びや釣りなどを楽しむ人の姿が多い。

中瀬《なかせ》キャンプ場から中瀬遊歩道をたどれば、清流に沿って渓谷が美しさを増し、養老渓谷の核心部へ入っていく。新緑と紅葉の季節は感動するほど美しい。飛石伝いに進むと、正面に2つの向き合った断崖が現れる。これが弘文洞《こうぶんどう》跡で養老渓谷のシンボルになっている。

再び「飛び石」伝いに清流を渡り、遊歩道を沢沿いに進んで**共栄《きょうえい》橋**を渡る。車が多くなった車道を30分ほどで老川《おいかわ》十字路に着く。再

岩壁を彩る紅葉も養老渓谷の秋の魅力

↑例年11月下旬～12月上旬が渓谷の紅葉の見ごろ

←両岸を断崖ではさまれた弘文洞跡は養老渓谷の核心部

び車道脇の紅葉を見ながら粟又の滝方面に向かう。紅葉の時期はいつも渋滞する。6月には道沿いにアジサイが咲き、12月は紅葉に彩られた房総の山村風景を見ながら歩ける。

　やがて、水月寺方面の道標が現れる。**水月寺**は禅宗の名刹で、新緑の季節はキヨスミミツバツツジやイワツツジが美しい。

　水月寺の先で養老川に向かって下りはじめる。整備された階段を下れば**滝めぐりの遊歩道**だ。渓谷の左岸沿いに歩きやすい道が約2・5キロ、粟又の滝まで整備されている。

　さっそく養老川に沿って上流を目指そう。対岸にはモミジが多く、11月下旬には真っ赤に紅葉する。はじめて訪れた人は房総の紅葉の美しさに感動することだろう。

　清流と、対岸の新緑や紅葉を楽しんでいるうちに粟又の滝が見えてくる。新緑のころは水量が多く、全長100メートル、落差30メートルの名瀑がひときわみごとである。また、秋には水量は少ないが、周辺の紅葉が美しい。房総の名瀑・粟又の滝はぜひカメラで撮影しよう。

　房総一の名瀑を充分に楽しんだら、渓谷の流れを渡り、急な階段を登る。車道に出たところが**粟又の滝バス停**だ。道の反対側には滝見苑がある。（中西俊明）

水面に映る紅葉の彩り

CHECK POINT

1 養老渓谷駅。ここが養老渓谷方面へ向かうハイキングの起点になる

2 赤い宝衛橋で養老川を渡る。コースは二分する道を左に緩く登っていく。直進する道は梅ヶ瀬渓谷へ

3 出世観音への赤い観音橋は渡らずに、橋を右に見て、渓谷沿いの車道をそのまま進む

4 紅葉に彩られた中瀬遊歩道を進んでいくと、やがて養老渓谷の核心部に入っていく

5 コンクリート製の「飛び石伝いに養老川を渡る。脇見をしてると踏み外してしまうので、慎重に

6 老川十字路。車道歩きが続くので車に注意。紅葉シーズンの週末はとりわけ交通量が多い

7 水月寺の先で階段を下っていけば「滝めぐり遊歩道」となる

8 美しい紅葉を楽しみながら、右に千代ノ滝を見て粟又の滝目指して進んでいく

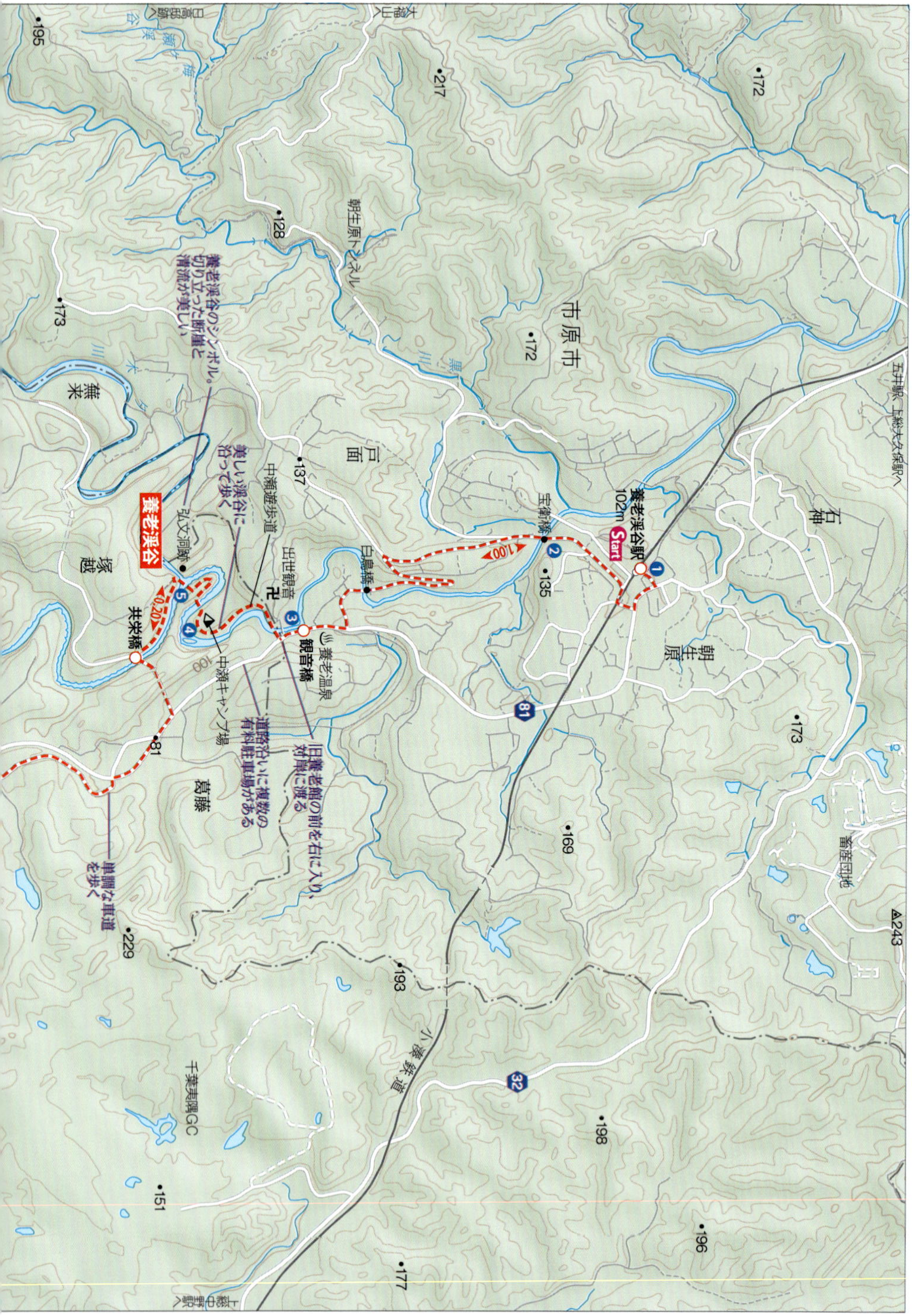
養老渓谷駅
102m
Start
宝衛橋
1:00
白鳥橋
出世観音
観音橋
養老温泉
中瀬遊歩道
中瀬キャンプ場
弘文洞跡
養老渓谷
0:20
共栄橋
養老渓谷のシンボル。切り立った断崖と清流が美しい
美しい渓谷に沿って歩く
旧養老館の前を右に入り、対岸に渡る
道路沿いに複数の有料駐車場がある
単調な車道を歩く
市原市
戸面
朝生原
石神
葛藤
塚越
蕪来
朝生原トンネル
小湊鉄道
千葉夷隅GC
畜産団地
五井駅・上総大久保駅へ
上総中野駅へ
大福山へ
81
32
217
172
128
173
172
137
135
173
169
243
229
193
198
151
196
177
195

君津市
1:25,000
0
500m
N
君津へ
物見塚
筒森
筒森もみじ谷
星井畑
夕木川
新筒森トンネル
戸面
平野
小田代
大田代
大多喜町
老川
老川十字路
旧道を歩く
車に注意
面白
小沢又
伊保田
遊歩道出合
平坦で歩きやすい歩道
新緑、紅葉がすばらしい
滝めぐり遊歩道
小又沢滝
千代滝
水月寺
禅宗の古刹でイワツツジがみごと
粟又の滝
全長100mの名瀑で新緑のころは水量が多い
滝見苑
粟又の滝バス停
133m
Goal
町営駐車場
安房小湊へ
中野へ
1:10
0:10
1:00
465
178
•238
•248
△235
•262
•245
•213
•228
•203
•133
•307
•206
•298
•233
232△
•236
•208
•138
•194
•230
•250
200

02

大福山・梅ヶ瀬渓谷

だいふくざん　292m
うめがせけいこく

房総丘陵の眺望と渓谷の紅葉、侵食崖がみごと

日帰り

歩行時間＝3時間50分
歩行距離＝12・1km

技術度
体力度

コース定数	＝18
標高差	＝190m
累積標高差	↗730m ↘730m

↑大福山付近から望む、紅葉に彩られた山々

←紅葉に彩られた道を大福山に向かう

大福山は養老《ようろう》渓谷の西方3・5キロに位置する低山である。照葉樹に覆われた山頂には白鳥《しらとり》神社が建ち、山頂手前の展望台に立つと、房総《ぼうそう》の山並みが大パノラマで眺望できる。

一方、梅ヶ瀬渓谷は、養老川の支流・黒《くろ》川の渓谷で、深い谷間の清流と侵食崖のコンビネーションがみごとだ。奥には紅葉の名所、日高邸《ひだかてい》跡もある。梅ヶ瀬渓谷は新緑の季節、ミツバツツジやヒガンザクラが春の彩りを添え、紅葉前線が訪れると渓谷全体が紅、黄、緑に彩られる。ここでは養老渓谷駅を起

■鉄道・バス
往路・復路＝01養老渓谷・粟又の滝を参照。

■マイカー
01養老渓谷・粟又の滝を参照。養老渓谷駅前付近に駐車場（約40台・有料）、朝生原トンネル手前の梅ヶ瀬渓谷入口地点（無料）、大福山展望台手前に駐車場（無料）がある。大福山展望台手前の駐車場はトイレも整っている。マイカーの場合は、この駐車場を利用して周回するコースがおすすめ。

■登山適期
4月の桜、新緑から紅葉が散った12月中旬までが登山適期。梅ヶ瀬渓谷、もみじ谷のカエデは11月下旬～12月上旬が最盛期で最も美しい。4月から6月は梅ヶ瀬渓谷や房総丘陵が新緑に染まり、ヤマツツジやミツバツツジが色鮮やかに花を咲かせる。真冬を除けばいつでもハイキングが楽しめる。

■アドバイス
▽11月下旬～12月上旬の紅葉最盛期の週末はハイカーや観光客でにぎわう。混雑を避けたい場合は週末を避けて計画しよう。
▽養老渓谷駅から大福山までの車道も色鮮やかな紅葉を楽しみながら歩ける。
▽早朝に大福山展望台に登ると、雲海漂う房総の山並みが日本画のよう

大福山展望台から朝の斜光で輝く房総の山々

点に、山村風景を眺めながら大福山に登り、日高邸跡、梅ヶ瀬渓谷を周回して養老渓谷駅に戻る人気コースを紹介しよう。

紅葉シーズンの**養老渓谷駅**前は、養老渓谷や梅ヶ瀬渓谷、大福山を目指すハイカーでにぎわう。駅前を右に折れ、真っ赤なカエデのトンネルをくぐる。踏切を渡って大福山方面に向かうと、赤い宝《ほう》衛《えい》橋にさしかかる。欄干から見下ろすと、はるか下に養老川の渓流が望める。高度感満点だ。

左に分岐する養老渓谷方面の道を見送り、黒川沼《くろかわぬま》まで進むと、のどかな山村風景が広がる。車道脇にカエデの紅葉が目立ち、この先の彩りが期待できる。

朝生原《あそうばら》トンネルを抜けて、**分岐**で梅ヶ瀬渓谷方面への道を見送り、車道を進む。紅葉シーズンは車の通行が多いので注意しながら歩こう。彩り鮮やかなモミジの巨木が青空に映える光景は、立ち止まって見とれてしまうほどだ。

山村風景を楽しみながら進むと、大久保《おおくぼ》方面からの林道が合流する。この付近が**上古屋敷**《かみふるやしき》で数軒の民家が現れ、少し先に駐車場や休憩舎、トイレが整備された地点に出る。さらに進んだ右手が大福山展望台だ。上に登ると、ゆったりとした房総丘陵の山々が見わたせる。

少し先に進み、石段を登ると**大福山**山頂だ。照葉樹林に囲まれて展望はないが、白鳥神社が建っている。

下山は少し戻った地点から梅ヶ

に眺望できる。11月から12月上旬がおすすめ。

▽大福山付近から梅ヶ瀬渓谷まで急な下降が続く。途中のもみじ谷では美しい紅葉に見とれて転倒しないように足もとに注意すること。

▽日高邸跡のモミジは11月中旬～11月下旬に見ごろを迎える。

▽小湊鉄道は午後も便数が少なく、紅葉シーズンの週末は養老渓谷駅から座れないこともある。事前に帰りの時刻も調べておきたい。

■問合せ先

市原市観光振興課☎0436・22・1111、小湊鉄道☎0436・21・6771

■2万5000分ノ1地形図

大多喜・上総中野

瀬渓谷へのコースに入る。急な尾根道を下り、カエデの紅葉が美しい谷へ入っていく。この付近は「もみじ谷」とよばれ、房総屈指の紅葉の名所だけに、紅葉シーズンはハイカーが多い。

日高邸跡地のモミジの紅葉

梅ヶ瀬渓谷まで下り、上流に進めば、明治の教育者・日高誠実が晩年を暮した**日高邸跡**が残っている。谷間の平坦地に立つ石碑とカエデの巨木が当時の歴史を語っているようだ。

梅ヶ瀬渓谷は清流に沿ってゆっくり歩く。切り立った侵食崖の断層が美しく、紅葉、新緑のころは感激するほどの光景となる。谷底から真っ赤に染まった光景を眺めていると、房総の紅葉の美しさに感動する。清流を何度か渡っていくと林道へ導かれる。駐車場の先で往路の**梅ヶ瀬渓谷分岐**に出合ったら、朝生原トンネルを抜け、黒川沼を見ながら**養老渓谷**駅へ向かう。

（中西俊明）

CHECK POINT

1

養老渓谷駅舎は素朴で懐かしい雰囲気がある

2

宝衛橋を渡り、静かな車道歩きが続く

3

上古屋敷の先にはあずまやと駐車場がある

4

大福山展望台に登ると、秋色の山々がすばらしい

5

日高邸跡はモミジに囲まれた平坦地で絶好の休憩ポイント

6

梅ヶ瀬渓谷は深い谷間をきれいな流れを渡りながら進む

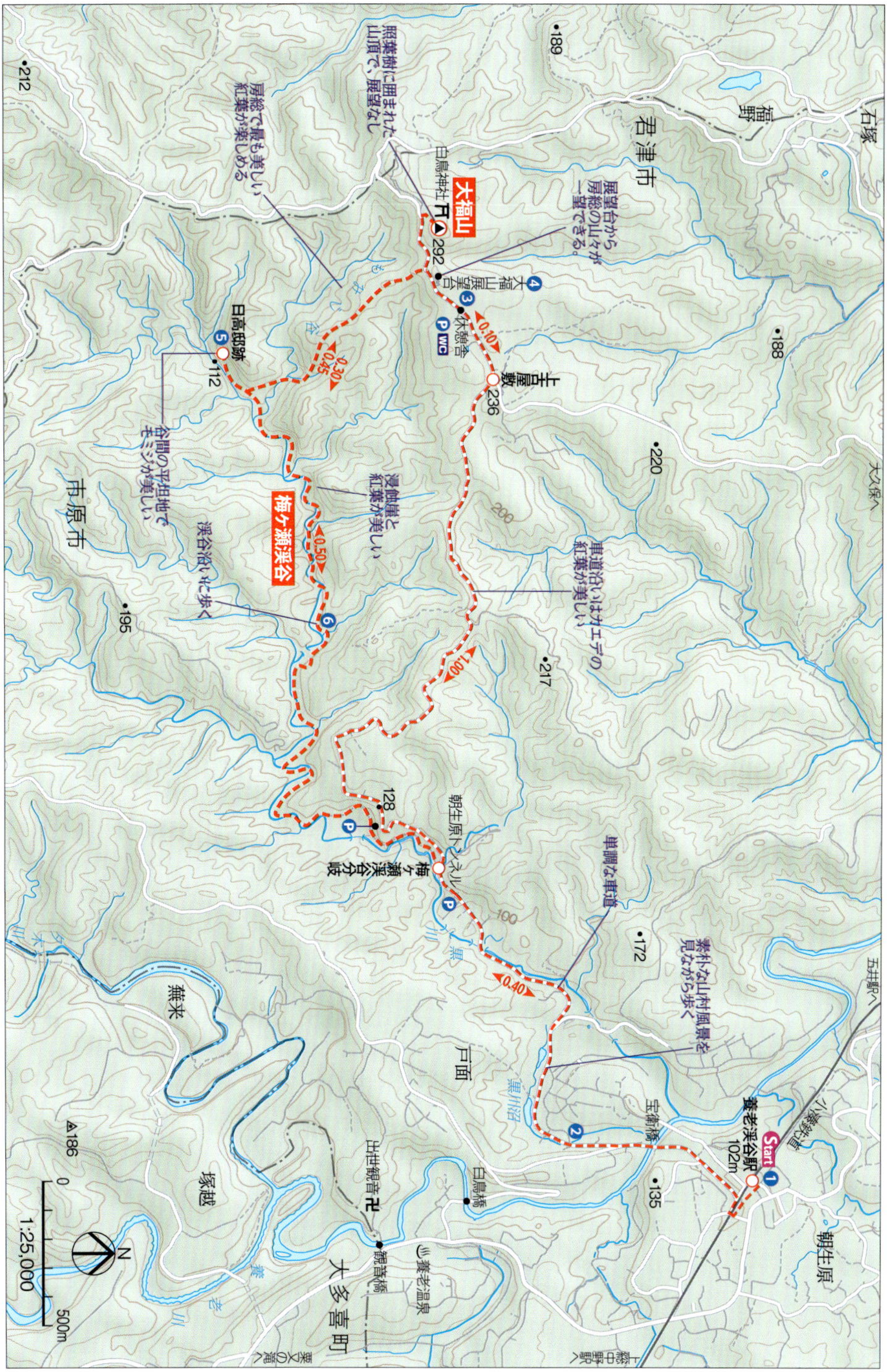

大福山
白鳥神社
292
大福山展望台
休憩舎
上古屋敷
236
日高邸跡
112
梅ヶ瀬渓谷
梅ヶ瀬渓谷分岐
朝生原トンネル
128
Start
養老渓谷駅
102m
宝衛橋
白鳥橋
出世観音
観音橋
養老温泉
君津市
市原市
大多喜町
石塚
福野
朝生原
戸面
蕪来
塚越
照葉樹に囲まれた山頂で、展望なし
房総で最も美しい紅葉が楽しめる
展望台から房総の山々が一望できる。
谷間の平坦地でモミジが美しい
渓畔林と紅葉が美しい
渓谷沿いに歩く
車道沿いはカエデの紅葉が美しい
単調な車道
素朴な山村風景を見ながら歩く
小湊鉄道
五井駅へ
大久保へ
上総中野駅へ
粟又の滝へ
0:10
0:30
0:45
0:50
1:00
0:40
1:25,000
0
500m
N

03

万葉の歌と自然に出会える里山

三條大塚山 七面山

さんじょうおおつかやま 241m
しちめんざん 162m

日帰り

歩行時間＝2時間25分
歩行距離＝6・1km

技術度 体力度

コース定数＝9
標高差＝154m
累積標高差 361m 365m

七面山山頂から春霞の三條大塚山を望む

三角点をもつ三條大塚山は眺望に恵まれ、地域の人々が四季折々の花木や山野草などを植えて大切に守り育てている里山である。

また、上総中野《かずさなかの》駅前には、日蓮宗の古刹・光善寺《こうぜんじ》を抱いた中野七面山がある。山頂部分は七面山展望公園となっているので、ちょっと寄り道をしてみよう。

上総中野駅をあとにして国道を出て左折。すぐに右に入る細い道を進むと参道の石段を登るようになる。山門をくぐると**光善寺**の境内に入る。本堂裏手の墓地を回るようにして細いコンクリート道が高みへ続く。階段道に変わるとしだいに展望が開け、わずかな登りで奥の院である。**七面山山**頂はこのすぐ上で、ベンチが置かれている。南東方面に三條大塚山が広い山頂を見せている。

展望を楽しんだらいったん**光善寺**境内へ戻り、本堂の前を通って大イチョウのところから急な舗装道路を下り、国道沿いの西畑《にしはた》駐在所へ向かう。

西畑駐在所のある三差路を左折し、さらに次の交差点を右折すると県道に入る。踏切を渡り、橋をすぎると、曼殊沙華寺《まんじゅしゃげでら》の入口だ。

県道をさらに南下すると左手に**「万葉ロード入口」**と「大塚山ハイキング入口」の案内標識があり、ここを左折する。道脇の野草や木々の中に万葉集の句を記した木の札がたくさん立てられている。時間が許す限り札を見ながら歩くのも一興である。

のんびり歩いた幅の広い道もや

■鉄道・バス
往路＝JR内房線五井駅より小湊鉄道、またはJR外房線大原駅からいすみ鉄道でそれぞれ終点の上総中野駅下車。
復路＝いすみ鉄道西畑駅からJR大原駅へ。

■マイカー
圏央道市原鶴舞ICから県道を養老渓谷方面に行き、上総大久保から県道32号で上総中野へ。シーズン中なら三條公民館脇が駐車場として開放されている。

■登山適期
空気の澄む晩秋から桜の咲く春がよい。地元の人々によりアジサイ、フヨウ、モミジをはじめ、四季を通じて楽しめるよう樹木や野草が手入れされている。

■アドバイス
▽房総地方には大塚山とよばれる山が多いので、夷隅川上流の三角点峰を直近の字名をかぶせて三條大塚山という。なお、西畑大塚山ともよばれている。
▽曼殊沙華寺は正式名・浄宗寺。秋の彼岸のころはヒガンバナで赤く染まる。また、同寺の軒先にある鐘は、「呼びもどしの鐘」とよばれ、「ふるさと民話」として語られている。

■問合せ先
小湊鉄道☎0436・21・6771、いすみ鉄道☎0470・82・216

CHECK POINT

光善寺の境内から七面山展望公園に向かうと展望がしだいに開けてくる

▼

七面山山頂は奥の院のすぐ上。南東方面にはこれから行く三條大塚山が望める

▼

桜や野草に飾られた「万葉ロード」をのんびり歩く

▼

三條大塚山の広い山頂には3等三角点や2本の大木のほか電波塔、あずまやなどがある

▼

山頂から北方にのびる尾根に出たら、かつて村人も歩いた尾根を西畑駅方面へ

がて突き当たる。ここで道は2つに分かれる。突き当たりの階段状のコースは紅葉《もみじ》谷を右に見て大塚山の南の肩に出て、さらに左に急登すれば広い山頂に出る。

また、突き当たりから左へ上がる広い道を行けば中腹のトイレのある広場に出る。そのまま進めば先の階段路へ。広場の少し手前の階段を左に登れば山頂の一角に出られる。

三條大塚山山頂は広く、大きく展望が広がり、石尊山《せきそんさん》や大福山《だいふくさん》、鹿野山《かのうざん》などが望める。ベンチやあずまやもあり、ゆっくりくつろいでいこう。

下りは山頂広場の北西側から先ほどの広場方面へ下りて、広い道に出たらすぐに指道標に導かれて右の西畑駅方面への道に入る。山頂から北方にのびる尾根に出たら、左へ進む。

この道はかつて県道がなかったころは、学校や仕事で国道へ出るために使われた尾根上の生活道である。長年にわたって村人が手入れをして守ってきた道なので歩きやすい。

植林帯の尾根を下り終えると周囲も開け、いすみ鉄道の**横沢踏切**に出る。手前の指道標にしたがって右に駅に向かうか、直進して国道に出て右に行けば、わずかで**西畑駅**に到着する。（植草勝久）

1、大多喜町観光協会☎0470・80・1146
■2万5000分ノ1地形図
上総中野

04菜の花と桜が魅力のファミリーコース

鹿野山①　マザー牧場

かのうざん　379m（白鳥峰）
まざーぼくじょう　315m（展望台）

日帰り

歩行時間＝2時間35分
歩行距離＝7・5km

技術度 1/5　体力度 1/5

コース定数	＝9
標高差	＝80m
累積標高差	↗226m ↘306m

「鹿野山」とは、春日峰《かすがみね》、熊野峰《くまのみね》、白鳥峰《しらとりみね》の総称で、マザー牧場からその山容を眺めることができる。紹介する九十九谷《くじゅうくたに》展望公園とマザー牧場を結ぶコースは、房《ぼう》総《そう》では人気の観光スポットになっている。冷えこんだ早朝の九十九谷展望公園からは、山並みがいく重にも重なり、日本画のような感動的な光景が見られ、菜の花と桜が美しいマザー牧場、聖徳太子が創建したと伝えられる神野寺《じんやじ》など、ファミリーで一日のんびりと遊べる。

JR内房《うちぼう》線佐貫町《さぬきまち》駅からバスで終点の**神野寺バス停**まで行く。バス停前の神野寺は聖徳太子ゆかりの古刹で、緑に囲まれた鹿野山の一角に建っていて、春になると満開の桜が迎えてくれる。重要文化財に指定された客殿表門をくぐって、本殿や宝物殿を見学しよう。宝物殿では運慶作の仁王面を見ることができる。

神野寺前の県道を東に進む。車道歩きが続くので、車に注意して歩きたい。鹿野山ゴルフ場を見送れば**九十九谷展望公園**に着く。整

■鉄道・バス
往路＝JR内房線佐貫町駅から日東バスで神野寺まで。午前中2便で、所要28分。
復路＝マザー牧場からJR佐貫駅までは日東交通バスで23分。JR君津駅南口へもバス便があり、土・日曜7便、平日2便、所要時間は35分。

■マイカー
九十九谷展望公園に駐車場（無料）がある。マザー牧場にも駐車場（有料）がある。

■登山適期
3月の菜の花、4月の桜、新緑から紅葉が散った12月ごろまでが登山適期といえるだろう。

菜の花と桜が咲く春爛漫のマザー牧場

■アドバイス

▽マザー牧場で菜の花と桜を同時に見る時期は4月上旬。マザー牧場は季節に応じた花が楽しめる。ファミリーハイキングに最適のコースである。

▽マザー牧場は入園料が必要で、園内は桜、菜の花だけでなく、森林浴コースがあり、菜の花越しに房総の山々が眺められる。

▽九十九谷展望公園から朝もや漂う山並みは10月下旬～12月上旬、冷えこみが厳しい早朝がおすすめだ。

▽神野寺境内は春になると桜が咲き、風情ある光景が期待できる。また、1708年建造の本堂（県指定文化財）、表門（国指定重要文化財）、白蛇（左甚五郎作）など見るべきポイントは多い。

▽鹿野山測地観測所では地磁気測量、宇宙測地などを観測している。

■問合せ先

富津市商工観光課☎0439・80・1291、君津市経済振興課☎0439・56・1325、マザー牧場☎0439・37・3211、日東交通富津営業所☎0439・87・5400、日東交通君津営業所☎0438・40・5100

■2万5000分ノ1地形図

鹿野山・鬼泪山

＊コース図は34～35ページを参照。

CHECK POINT

1

春の神野寺は境内の桜が咲き、みごと

▼

2

好展望の九十九谷展望公園は眼下に山並みが広がる

▼

3

九十九谷展望公園の前にある白鳥神社

▼

4

マザー牧場は房総屈指の観光スポットで季節の花が咲く

▼

5

菜の花咲くマザー牧場は観光客でにぎわっている

九十九谷展望公園から眺める山並みは墨絵のようだ

4月上旬は菜の花と桜の競演が見られる

備された広場で、小さな休憩舎とトイレ、駐車場が設けられ、「房総の魅力500選」に選ばれている。すばらしい展望が広がり、標高300メートルほどの房総丘陵の谷と尾根が重厚な光景を見せてくれる。秋から冬の冷えこんだ早朝には雲が谷間を埋めつくし、雄大な日本画を眺めているようだ。隣接して白鳥神社があり、社前の広場で毎年4月28日の祭礼に奉納される「鹿野山のはしご獅子舞」は、県指定民俗無形文化財になっている。

九十九谷展望公園をあとにマザー牧場に向かう。往路を引き返し、**神野寺**を見送って進む。右手の樹林帯に囲まれた鹿野山測地観測所のある地点が鹿野山のひとつ、春日峰だ。マザー牧場へ2・2キロの標識が設けられている。車に注意しながら道なりにカーブを下ると、正面にマザー牧場が見わたせ、その右手には東京湾の展望がすばらしい。杉が植林されている地点まで下るとマザー牧場は近い。

マザー牧場は2500ヘクタールの観光牧場で、早春のスイセンにはじまり、菜の花、梅、桜、アジサイ、コスモスなど、一年を通して美しい花が楽しめる。特に4月上旬の菜の花と桜が同時に眺められる時期がおすすめだ。菜の花畑の奥にはおおらかな鹿野山の山容を眺めることができ、牧場内のクヌギやコナラの樹林帯を歩けば、房総丘陵の山々と森林浴が楽しめる。子供連れのファミリーハイキングのフィナーレにふさわしいところだろう。

帰路はまきばゲート前にある**マザー牧場バス停**から佐貫町駅に戻る。

（中西俊明）

05

房総の名刹と九十九谷を訪れる
鹿野山② 九十九谷

かのうざん　379m（白鳥峰）
くじゅうくたに

日帰り

歩行時間＝3時間40分
歩行距離＝10・0km

技術度
体力度

コース定数	＝16
標高差	＝317m
累積標高差	592m（登り）／592m（下り）

鹿野山南面は、複雑な尾根や谷あいにコースが続き、杉林や雑木林など植生も変化に富んでいる。ここでは神野寺《じんやじ》や白鳥《しらとり》神社を訪ね、房総《ぼうそう》の山の特徴を肌で感じることのできるコースを紹介しよう。

→神野寺秋景。名刹を訪れ、歴史を学ぶのもいい

↑展望のよい場所からの風景。秋には谷の紅葉を間近に見ることができる

JR内房《うちぼう》線佐貫町《さぬきまち》駅からバスに乗り、**神野寺バス停**で下車。まず、神野寺でハイキングの安全を祈願しよう。聖徳太子が創建した寺といわれ、およそ1400年の歴史がある関東有数の名刹である。春は桜、秋は紅葉が美しい。

神野寺からは関東ふれあいの道を行き、九十九谷展望公園を目指す。公園前の白鳥神社、**白鳥峰**《しらとりみね》（379メートル）に立ち寄ってもよい。白鳥神社は、ヤマトタケルやオトタチバナヒメの伝説が残る由緒ある神社である。

たどり着いた**九十九谷展望公園**からは、眼下に高宕山《たかごやま》など上総《かずさ》丘陵がいく重にも連なる山並みの絶景を堪能することができる。この山と谷の織りなす九十九折の景観を総称して「九十九谷」とよび、君津市の「次世代に伝えたい20世紀遺産」や千葉県の「眺望百景」に登録されている。とりわけ夜明け前から日の出直後と日の入り前の情景は美しく、かつ幽玄の世界で、見たもの誰にも感動を与える。さらに秋から冬にかけて、雨後の晴れた日の早朝に見られることが多い雲海も感動的である。著名な日本画家である東山魁夷の出世作「残照」は、九十九谷からの眺望をもとに描かれたといわれている。

展望を満喫したら公園脇から尾根道を忠実に下ろう。20分ほどで展望のよい場所に出て、ここからも九十九谷の景色を間近に見ることができる。秋には紅葉の眺めも楽しめる。

さらに進むと、**林道と合流**する。小さな標識を見逃さないよう気を

日の出後の九十九谷。眼前に幻想的な風景が広がる

■鉄道・バス
往路・復路＝登山口の神野寺バス停へはＪＲ内房線佐貫町駅から日東交通バスを利用。所要28分。

■マイカー
九十九谷展望公園には駐車場、トイレが整備されているので、マイカーの利用も便利。

■登山適期
葉の枯れる秋から冬、そして桜の咲く春や新緑のころがよい。

■アドバイス
▽神野寺から九十九谷展望公園の間はバスの運行はないので、歩くことになる。
▽鹿野山は春日峰、熊野峰、白鳥峰の3つの峰の総称である。時間に余裕があれば1等三角点のある春日峰（352㍍）に立ち寄ろう。
▽前項の04鹿野山①マザー牧場のコースと合わせてもよい。
▽すべりやすい箇所や草の生い茂っている場所など、要注意箇所もある。道に迷いやすく、読図経験の少ない場合は、九十九谷には安易に立ち入らないこと。また単独行動は控え、複数者で行動するのが望ましい。
▽九十九谷展望公園に付近の案内図が設置されている。バリエーションルートは、こちらも参考にしよう。

■問合せ先
富津市商工観光課☎０４３９・80・１２９１、君津市経済振興課☎０４

つけよう。ロープのついた尾根を進み、湿地帯を抜け、沢沿いの道を300㍍ほど歩くと**鹿野沢出合**で橋を渡る。ここから北西側にある林道を登ると、さくらの広場に出ることもできるが、やぶこぎになることもあり、おすすめできない。

橋を渡ったら舗装された農道を国道465号に向かって歩こう。小鳥の鳴き声も聞こえ、のどかな散歩気分を味わうことができる。

20分ほど進むとゴルフ場の看板が見え、すぐに国道の案内標識も見つけられる。国道を千葉・東京方面に進み、やがて九十九谷展望公園の標識を見つけたら、左に分岐する県道93号を登っていく。**九十九谷展望公園**に戻り着いたら、小休止して**神野寺バス停**まで戻ろう。

(伊藤哲哉)

39・56・1325、日東交通富津営業所☎0439・87・5400、天羽合同タクシー☎0439・66・0131

■2万5000分の1地形図
鹿野山・鬼泪山

CHECK POINT

神野寺を案内する看板。参詣してからコースを歩こう

白鳥神社の鳥居。階段を登ると境内が見えてくる

コースの入口。九十九谷展望公園の脇から入る

展望のよい場所先の曲がり角。林を左に折れる。よく見ると小さな標識がある

ロープが備えられており、安心して通ることができる

鹿野沢出合の石橋。この橋を渡り、舗装された道を歩いていく

国道465号の案内板。西粟倉を目指す

この坂を小一時間も登ると、九十九谷展望公園に着く

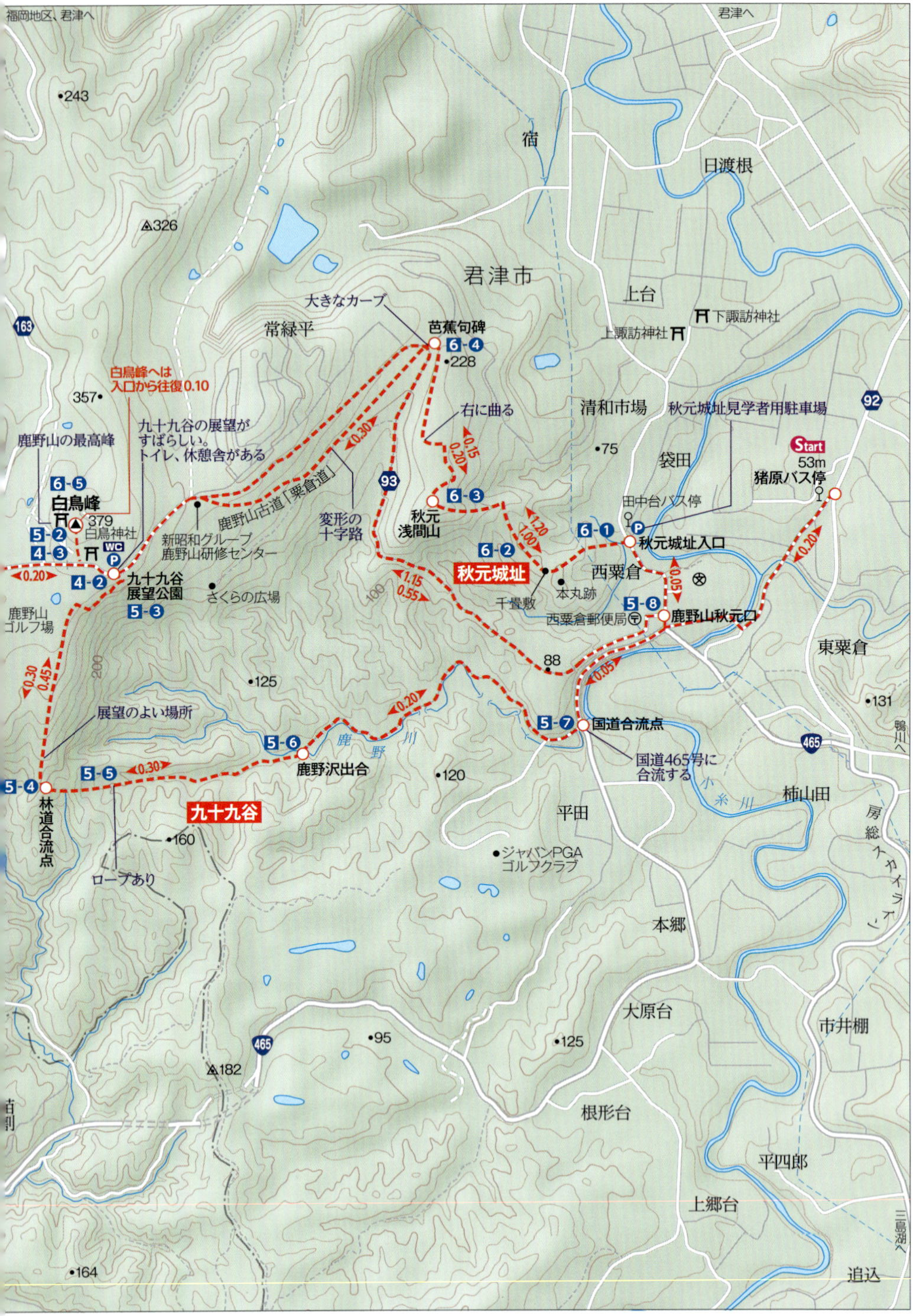
福岡地区、君津へ
君津へ
宿
日渡根
君津市
上台
下諏訪神社
上諏訪神社
大きなカーブ
常緑平
芭蕉句碑
6-4
228
白鳥峰へは
入口から往復0.10
357
右に曲る
清和市場
秋元城址見学者用駐車場
Start
53m
猪原バス停
九十九谷の展望が
すばらしい。
トイレ、休憩舎がある
鹿野山の最高峰
0.30
0.15
0.20
75
袋田
6-5
白鳥峰
379
白鳥神社
5-2
4-3
WC
P
0.20
4-2
九十九谷
展望公園
5-3
鹿野山古道「粟倉道」
新昭和グループ
鹿野山研修センター
さくらの広場
変形の
十字路
93
秋元
浅間山
6-3
田中台バス停
6-1
秋元城址入口
6-2
秋元城址
1.20
1.00
西粟倉
千畳敷
本丸跡
1.15
0.55
0.05
5-8
鹿野山秋元口
西粟倉郵便局
東粟倉
鹿野山
ゴルフ場
0.30
0.45
88
0.05
125
展望のよい場所
0.20
5-7
国道合流点
国道465号に
合流する
131
鴨川へ
465
5-6
鹿野沢出合
鹿野川
5-4
5-5
0.30
120
小糸川
柿山田
林道合流点
九十九谷
160
平田
ジャパンPGA
ゴルフクラブ
房総スカイライン
ロープあり
本郷
大原台
市井棚
465
95
125
182
根形台
平四郎
上郷台
三島湖へ
164
追込
163
92

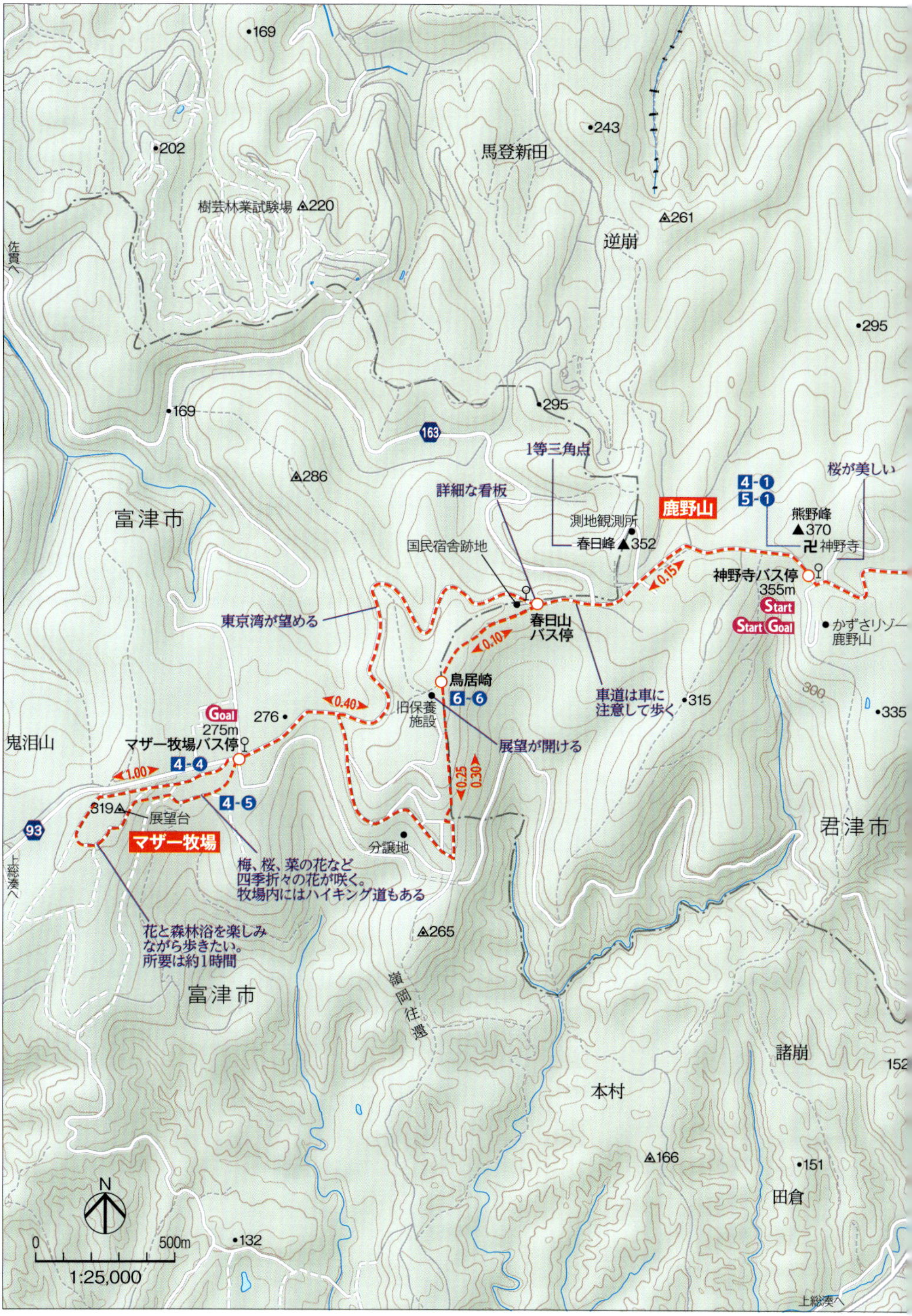
•169
•202
樹芸林業試験場 △220
佐貫へ
馬登新田
•243
△261
逆崩
•295
•169
163
•295
△286
1等三角点
詳細な看板
富津市
4-1
5-1
桜が美しい
鹿野山
測地観測所
熊野峰
▲370
神野寺
春日峰 ▲352
国民宿舎跡地
神野寺バス停
355m
0.15
Start
Start Goal
かずさリゾー鹿野山
東京湾が望める
春日山バス停
0.10
鳥居崎
6-6
旧保養施設
0.40
車道は車に注意して歩く
•315
300
•335
Goal
275m
276•
鬼泪山
マザー牧場バス停
4-4
1.00
展望が開ける
0.25
0.30
4-5
319△
展望台
93
マザー牧場
分譲地
君津市
上総湊へ
梅、桜、菜の花など四季折々の花が咲く。牧場内にはハイキング道もある
花と森林浴を楽しみながら歩きたい。所要は約1時間
△265
富津市
嶺岡往還
諸崩
152
本村
△166
•151
田倉
N
0
500m
1:25,000
•132
上総湊へ

06

信仰と展望の山に城址と古道を訪ねる

鹿野山③ 秋元城址

かのうざん 379m（白鳥峰）
あきもとじょうし 100m

日帰り

歩行時間＝3時間50分
歩行距離＝8・9km

技術度
体力度

コース定数＝**15**

標高差＝306m

累積標高差 552m 330m

東粟倉方面からの鹿野山（秋元浅間山と白鳥峰）

鹿野山は白鳥《しらとり》神社と神野寺《じんやじ》の参詣者で栄えたところである。さらにその眺望のすばらしさから古くから人気を集めた山で、いくつもの古道が残っているが、埋もれているものも多い。ここでは鹿野山の一角にある戦国時代の山城の秋元城址を訪れたあと、鹿野山古道の一部を歩いてみよう。

小糸《こいと》川対岸の**猪原《いのはら》バス停**から橋を渡り、西《にし》粟倉《あわくら》に出て**秋元城址入口**に向かう。城址の道を登っていくと、広く開けた千畳敷《せんじょうじき》に出る。左の一段高いところが本丸跡だ。

千畳敷の広い草原を抜け、正面の尾根筋を進む。左右どちらでも堀切にはロープなどがつけられているので心配はないが、ここでは尾根を左に巻くルートを行く。鞍部に出てさらに急な斜面を登り、しばらく尾根上を進んで右に尾根を巻いていくと、浅間山《せんげんやま》から北東にのびる尾根に出る。ここを左に急な尾根を登ると、**秋元浅間山**山頂に出る。

山頂の先の急斜面を右に少し下って、そのまま道なりに進み、続いて右に行くと、**芭蕉句碑**の立つ小広いところに出る。すぐ左下に県道が走っているので、これを横断して再び反対側の小道に入る。

植林帯だが、再び静かな歩道がはじまる。変形の十字路を右に入るのが鹿野山古道である。この道は鹿野山を詣でるための「粟倉道」だったという。左にさくらの広場

■**鉄道・バス**
往路＝JR内房線木更津駅西口より日東交通バスで猪原バス停下車。所要時間43分。
復路＝日東交通バスでJR佐貫町駅へ、所要時間23分。

■**マイカー**
館山自動車道君津ICから県道92号で東粟倉へ。秋元城址入口のはす向かいに駐車場がある。

■**登山シーズン**
四季折々の景観が楽しめるコースだが、特に新緑や紅葉そして冬枯れの時期に歩いてみたい。

■**アドバイス**
▽秋元城址は私有地だが、平成13年度から15年度に発掘調査が行われ、よく保存管理されている。山上の曲輪の周囲を切岸・堀切・横堀で防御した優れた遺構が残されている。
▽秋元城址から先は、赤テープをたどるような道なので、山慣れない人は一度入口まで戻り、鹿野山秋元口から、鹿野山に向けて県道93号を登るとよい（05鹿野山②参照）。県道が大きく左にカーブを切る地点の右上が芭蕉句碑。
▽芭蕉句碑付近は通称「休場（やすんば）」といわれ、鹿野山周辺で催しものや祭りなどがある際は、露天商などが出てにぎわったという。

■**問合せ先**
富津市商工観光課☎0439・80・

への道を分けると、じきに研修所脇に出て、再び県道に出合う。左に行くとすぐに**九十九谷《くじゅうくたに》展望公園**である。

県道の反対側の千葉県第2の標高をもつ白鳥峰《しらとりみね》へ登ってみよう。**白鳥峰**の山頂には日本武尊の草薙剣の石碑が立っている。

再び県道に戻り、鹿野山の山上を走る県道を西へ。右に福岡《ふくおか》への道を分け、**神野寺**を参拝して、さらに**春日《かすが》山《やま》バス停**まで進む。少し手前左には鳥居崎《とりいざき》についての詳細な案内看板があり、ここから狭い道をたどる。右手に大きな杉とその下に「鹿野山碑」のあるところが**鳥居崎**である。今は樹林でさえぎられてその面影はないが、すばらしい眺望の場所として昔から親しまれていたところだ。

ここからは南（左）にのびる道に入る。すぐに展望も開け、マザー牧場方面が見える。やがて舗装道路に出るので、分譲地の中の道を通り**マザー牧場バス停**に向かう。

（植草勝久）

1291、君津市経済振興課☎0439・56・1325、日東交通鴨川営業所☎04・7092・1234、日東交通富津営業所☎0439・87・5400

■2万5000分ノ1地形図
鹿野山・鬼泪山

新緑に染まる春の秋元城址

CHECK POINT

1 登山口となる秋元城址入口は田中台バス停のすぐ近く。入口のはす向かいに見学者用の駐車場がある

2 狭くなった「虎口」を抜けて登っていくと、よく整備された秋元城址に着く

3 急な斜面を登り終えると、小さな石の祠が祀られている秋元浅間山の山頂だ

4 明るく開けたところに「梅ヶ香にのっと日の出る山路かな」の芭蕉句碑がある

5 白鳥峰山頂の碑。白鳥神社は日本武尊の神霊を祀って創建されたもの

6 鳥居崎。かつては富士信仰の鳥居があった地で、眺望がすばらしい場所として親しまれていた

＊コース図は34～35ページを参照。

07

ローカル線に乗って里山から養老渓谷へ

石尊山

せきそんさん
348m

日帰り

歩行時間＝5時間
歩行距離＝16・0km

技術度

体力度

コース定数	＝24
標高差	＝249m
累積標高差	950m 947m

黄和田畑集落から望む石尊山

小櫃《おびつ》川が七里《しちり》川と名を変えて、流れが大きく南に屈曲するあたりから眺めると、東の空に特徴ある稜線を見せている山が石尊山である。JR久留里《くるり》線の終点、**上総《かずさ》亀《かめ》山《やま》駅**から黄和田畑《きわだはた》へ向かい、山頂を経由、養老《ようろう》渓谷に出て小湊《こみなと》鉄道を利用する、ローカル線を楽しむ山旅を紹介しよう。

拡張された国道を**黄和田畑**集落に入り、ほんの少し進むと大きな三差路に出る。右へ進むと地元の人々が運営する「山の駅」があり、山の幸や手づくりの品物が並んでいる。すぐ先の**七里川温泉**の横が石尊山の登山口だ。

山頂にひっそりと祀られる3つの石碑

宿の浴室の脇から、コンクリートで簡易舗装された道を登る。畑の網柵に沿って右に進み、尾根道に入る。やがて壕の中を歩くようになるが、枯枝などがぎっしりと積もり歩きにくい。傾斜が緩み、少し開けたところに指導標があり、左の**表登山道**方面に進む。緩い斜面をテープに導かれて登っていくと、右へ裏登山道への案内標識が出てくる。山頂へはこの少し先から石の階段が通じているが、今は老朽化して登るのは危険なので、この道を利用して迂回する。

石尊山の山頂は樹林の中で眺望はきかない。3つの石祠がひっそりと祀られ、背後に348《メートル》の2等三角点がある。

ここから先は養老渓谷を目指す。三角点の少し先から左へ下る。杉林を「境界見出標」などを頼りに下ると階段下からの道と合流し、北参道、養老渓谷への尾根道に入る。

尾根が最も低くなった地点から、左へ国道の**黄和田トンネル**入口へ北参道ルートが分かれている。岩混じりの急峻な尾根を登りきった地点で左に折れる。杉林の丸い頂を越えて尾根を下る。少し広くなったところにテープがたくさんつけられている。ここを右に折れて沢の上部を巻くようにして進み、再び尾根上に出る。この先は標識のテープを確認しながら、地図上の郡界線を北上する。

尾根を忠実に進むと、突然林道に下り立つ。この林道を北にしば

■鉄道・バス
往路＝JR内房線木更津駅から終点の上総亀山駅下車、またはJR千葉駅前から長距離バスのカピーナ号（千葉～鴨川線）で亀山・藤林大橋バス停下車。所要約1時間20分。
復路＝小湊鉄道の養老渓谷駅からJR五井駅まで約1時間10分前後。

CHECK POINT

1

大きな三差路から清澄方面に向かい、山の駅先の七里川温泉の横が石尊山への登山口

2

石尊山山頂の2等三角点は石祠のすぐ先にあり、養老渓谷方面への分岐はこの少し先

3

トンネル上の急な尾根を登った山上は絶好の休憩スポット。南面の眺望が広がる

4

林道大福線と蔵玉林道の合流地点。手前方向に5つのトンネルを抜け養老渓谷駅へ向かう

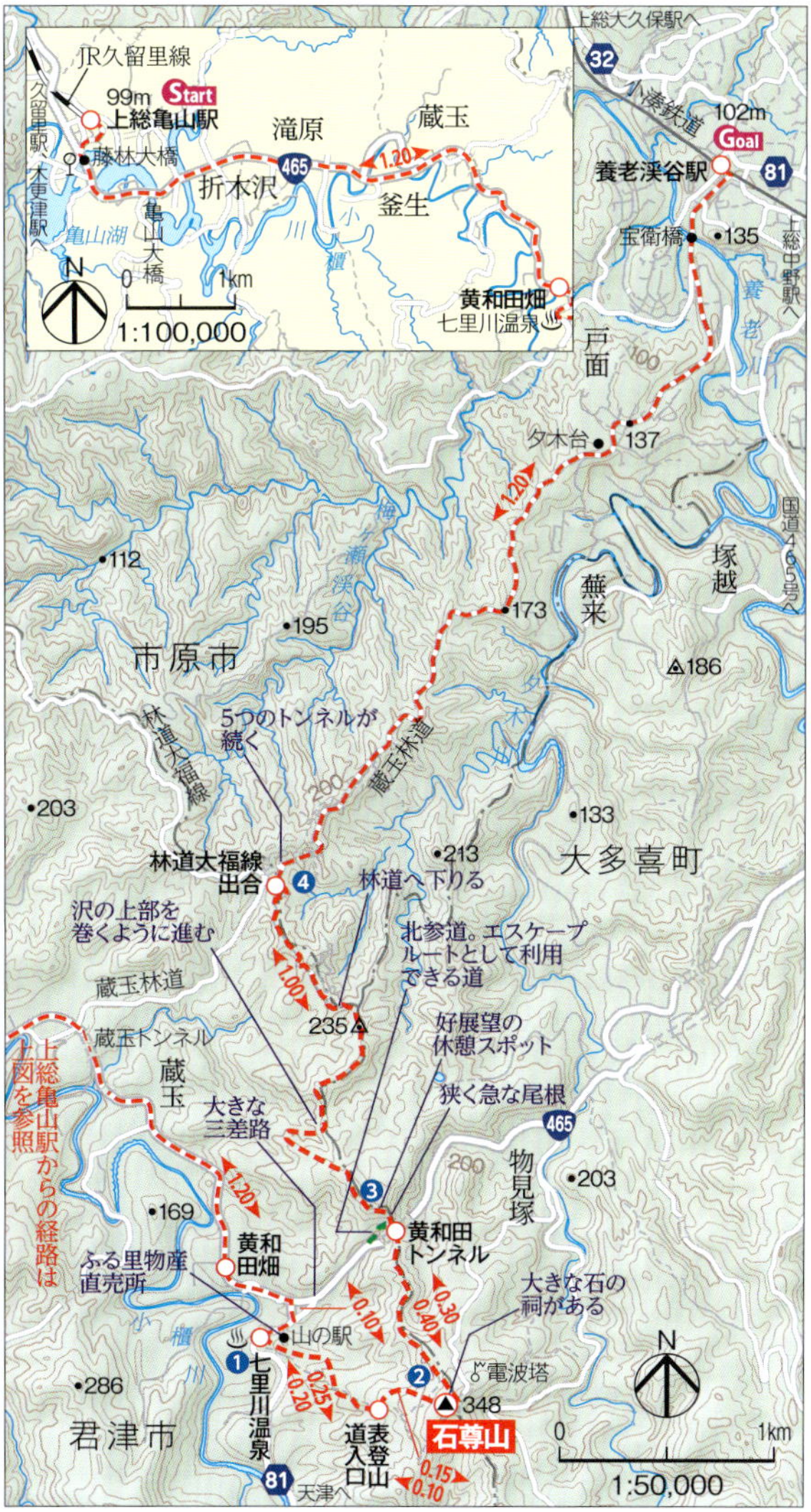

らく歩くと、**林道大福線**《だいふく》に出る。右に行くとすぐに蔵玉《くらだま》林道に合流する。右にトンネルを5つほどくぐり、夕木台《ゆうぎだい》を経由して宝衛橋《ほうえい》を渡れば、まもなく**養老渓谷駅**だ。（植草勝久）

■マイカー 圏央道の木更津東IC、国道410号で久留里を経由し、同465号で黄和田畑へ。許可を得れば「山の駅」に駐車できる。

■登山適期 房総の紅葉がはじまる11月から新緑の5月くらいまでがベストシーズン。

■アドバイス ▽郡界尾根を養老渓谷に向かうルートは、山慣れた人の同行がほしい。自信のない人や体調が優れない場合は、トンネル上から左へ黄和田トンネル入口に出て上総亀山駅に戻ろう。▽黄和田トンネル上の急峻な尾根は左右が切れ落ちているので慎重に。

■問合せ先 日東交通鴨川営業所☎04・7092・1234、君津市観光協会亀山支部☎0439・39・2535、さくらタクシー☎0439・70・7000、七里川温泉☎0439・39・3211

■2万5000分ノ1地形図 坂畑・上総中野

小湊鉄道養老渓谷駅からは時刻が合えばトロッコ列車に乗って上総牛久駅まで行き、乗り換えて五井駅へ

08

紅葉と渓谷美を楽しみ信仰の山頂を目指す

日帰り

三石山①・猪ノ川渓谷

みついしやま　282m
いのかわけいこく

歩行時間＝4時間55分
歩行距離＝14・0km

技術度
体力度

コース定数＝19
標高差＝214m
累積標高差　↗622m　↘622m

紅葉に彩られた亀山湖は美しい

猪ノ川渓谷では11月下旬にイロハモミジが紅葉する

猪ノ川渓谷は千葉県屈指の紅葉の名所として知られ、11月下旬にはモミジの紅葉に彩られる。紹介する猪ノ川渓谷沿いコースへの立ち入りは、東大演習林の一部が公開される11月下旬の週末と、新緑がみごとな4月中旬の特定の週末に限られる。

一方、三石山は亀山《かめやま》湖の南に位置する小ピークで、山頂に三石山観音寺《かんのんじ》がある。縁結びや海難避けを祈願する地元の人々に昔から登られてきた山である。ここでは猪ノ川渓谷から地蔵《じぞう》峠経由、三石山へのコースを紹介しよう。

JR久留里線終点の**上総亀山《かずさかめやま》駅**から国道を右に進み、**坂畑《さかはた》橋**、折《おり》木沢《きざわ》橋を渡り、郷台畑《ごうだいはた》へ通じる猪ノ川林道に向かう。亀山湖は11月下旬の紅葉シーズンは、彩り鮮やかな光景が楽しめる。

林道を進むと、トンネル手前に**黒滝《くろたき》ゲート**が設けられている。ここで記帳をして演習林に入る。素

■鉄道・バス
往路・復路＝JR久留里線の上総亀山駅を利用。

■マイカー
亀山ダム付近の公園駐車場が利用できる。

■登山適期
猪ノ川渓谷のコースは、東大演習林内にあり、春と秋に公開される特定日以外は入ることができない。11月中旬～12月上旬、猪ノ川渓谷や亀山湖周辺が紅葉に彩られる時期がベストシーズン。また、4月の新緑の季節も美しい光景を楽しむことができる。いずれも演習林の一般公開日に合わせて計画しよう。

■アドバイス
▽猪ノ川渓谷は、4月中旬、11月下旬の週末の一般公開日に訪れよう。黒滝ゲートまではいつでも自由に入ることができる。許可がない場合は、三石山表参道から三石山に登ることになる。公開日の日程は、東京大学千葉演習林のホームページで確認できる。本コースでは、黒滝ゲートから柚ノ木歩道を経て地蔵峠の区間が立入禁止になっている。
▽猪ノ川渓谷から三石山周辺では植物の種類が多く、ツル性植物、シダ類、タブ、シイ、モミ、ツガ、キヨスミミツバツツジ、イワタバコなどが観察できる。
▽三石山観音寺は縁結びの仏様であ

※2022年4月現在、猪ノ川林道は崩壊のため、本稿で紹介しているコースは通行止め。黒滝の見学もできない。

掘りのトンネルを出ると黒滝が現れる。新緑のころは水量も多く、房総《ぼうそう》の名瀑にふさわしい眺めだ。

　林道が右岸から左岸に変わると、渓流は美しさを増してくる。川床のすぐ上を歩くので、清流と川床の美しさが手にとるように眺められる。岩壁を彩る紅葉や、逆光で輝く紅葉に感動して歩く。郷台畑までの間が猪ノ川渓谷の核心部で、紅葉シーズンは目を見張るほど美しい。

　4つ目のトンネルを抜けた先が**三石山登山口**で、地蔵峠へ向かう分岐がある。分岐から柚《ゆず》ノ木《き》歩道に入り、杉林の斜面を登る。樹相が桧やモミなどに変わると主稜線に合流する。この地点が**地蔵峠**で、道標に導かれて三石山方面へ。登降を繰り返してモミやカヤの尾根道をたどる。

　左に開発放棄されたゴルフ場跡を見ながら進むと、ほどなく三石山参道入口に出る。参道を通って三石山観音寺へ。観音寺の横から巨岩の間をくぐり、**三石山**山頂に立つと、房総の山々が眺望できる。

　下山は表参道を**上総亀山駅**に向かう。途中、三石山展望広場に立ち寄り、山里の風景や亀山湖を見ながらゆっくり歩きたい。

（中西俊明）

黒滝の先で素掘りのトンネルを抜ける

CHECK POINT

1

田園風景が広がる光景を見ながら折木沢橋へ

2

右に亀山湖を見て、折木沢橋を渡る

3

猪ノ川渓谷の柚子ノ木歩道入口から地蔵峠へ

4

地蔵峠から樹林に囲まれた尾根道を三石山へ

5

三石山観音寺から階段を登って三石山山頂へ

6

藤林大橋から眺める紅葉の亀山湖

り、山頂にハンカチを奉納するとご利益があると伝えられている。
▽三石山展望広場にはトイレや駐車場があり。東側の展望がよい。
■問合せ先
君津観光協会亀山支部☎0439・39・2535
■2万5000分ノ1地形図
坂畑

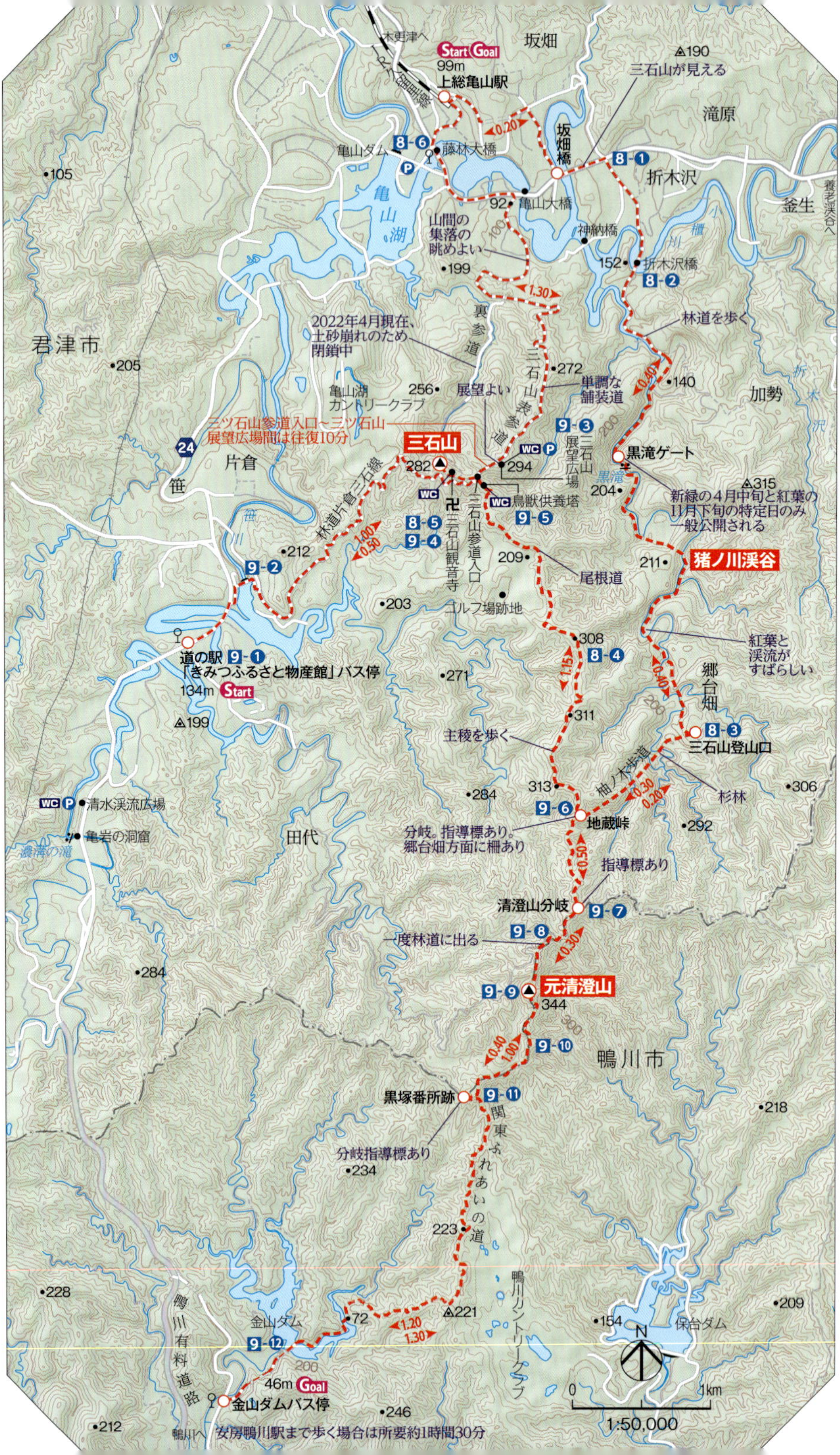
上総亀山駅
Start Goal
99m
坂畑
滝原
三石山が見える
坂畑橋
亀山ダム
藤林大橋
亀山湖
折木沢
釜生
養老渓谷へ
亀山大橋
神納橋
山間の集落の眺めよい
折木沢橋
君津市
2022年4月現在、土砂崩れのため閉鎖中
裏参道
三石山表参道
単調な舗装道
林道を歩く
加勢
亀山湖カントリークラブ
展望よい
三ツ石山参道入口～三ツ石山展望広場間は往復10分
三石山
三石山展望広場
黒滝ゲート
片倉
笹
林道片倉三石線
鳥獣供養塔
三石山参道入口
三石山観音寺
新緑の4月中旬と紅葉の11月下旬の特定日のみ一般公開される
猪ノ川渓谷
尾根道
ゴルフ場跡地
道の駅「きみつふるさと物産館」バス停
134m Start
紅葉と渓流がすばらしい
郷台畑
三石山登山口
主稜を歩く
柚ノ木歩道
杉林
清水渓流広場
亀岩の洞窟
濃溝の滝
田代
地蔵峠
分岐。指導標あり。郷台畑方面に柵あり
指導標あり
清澄山分岐
一度林道に出る
元清澄山
鴨川市
黒塚番所跡
関東ふれあいの道
分岐指導標あり
鴨川カントリークラブ
金山ダム
保台ダム
鴨川有料道路
46m Goal
金山ダムバス停
鴨川へ
安房鴨川駅まで歩く場合は所要約1時間30分
1:50,000
1km

09

房総では珍しいモミやツガの原生林を歩く

三石山②・元清澄山①

みついしやま 282m
もときよすみやま 344m

日帰り

歩行時間＝5時間45分
歩行距離＝14・0km

技術度 ★☆☆☆☆
体力度 ★☆☆☆☆

コース定数 ＝**25**

標高差 ＝210m

累積標高差 ↗880m ↘968m

三石山展望広場からの眺望。房総の山々を見ることができる

元清澄山山頂の石祠。無事に下山できるよう祈願しよう

三石山観音寺《かんのんじ》から尾根通しに元清澄山に登り、金山《かなやま》ダムに抜けるロングコースを紹介しよう。金山ダムから元清澄山を経て三石山観音寺に向かうこの道は、昔、鴨川《かもがわ》方面の人たちが三石観音への参拝に使った道である。

起点となる**道の駅「きみつふるさと物産館」バス停**から片倉《かたくら》ダムまで少し戻り、ダムの堤体を渡り、林道片倉三石線に入る。1時間あまりの緩い坂道を登りきると三石山観音寺参道入口に到着する（JR上総亀山《かずさかめやま》駅からアクセスする場合は、08三石山①・猪《い》ノ川《かわ》渓谷を参照）。

まず三石山展望広場に立ち寄ろう。遠く東京湾越しに横浜の街並みなど神奈川県方面の風景のほか、富士山を見ることもできる。冬季の空気の澄んでいるときには、はるかに筑波山《つくばさん》も見える。

参道入口に戻ったら、右に入ればすぐに**三石山**山頂だ。周囲に大きな3つの石があることから「三石山」とよばれるようになったと伝えられるだけに、巨岩をくぐっ

※「関東ふれあいの道」は2019年の台風禍による倒木が多数残り、2022年4月現在通行止め。改修工事が進行していて、通行の可否は要問合せ。

て山頂に立つと、房総の山々が眼前に広がる。

　眺めを満喫したら、三石山観音寺に参拝していこう。1420年に開山されたと伝わる由緒ある寺院である。

水が豊富な時期の片倉ダム。夏は緑が多くて清々しい

　参道入口に戻り、鳥獣供養塔脇から階段を登り、尾根道を行く。1時間あまり歩くと、標識のある三差路の**地蔵峠**に着く。ひと休みしていこう。

　峠からは尾根を忠実に南下し、石の祠やモミの大木や茶色の大きな標識を通りすぎると清澄山分岐は近い。分岐の手前は左に巻かず、尾根道を登っていく。

　清澄山分岐からは、右に郡界標識に沿って元清澄山方面に向かう。途中、一部林道を歩くが、すぐにまた登山道に戻る。さらに進むとやせ尾根となる。注意して歩こう。30分ほどで**元清澄山**頂上だ。休憩スペースがあるので、適宜休んでいくとよい。山頂一帯はシカの個体数が多く、いたるところにシカ道が横切っており、足跡や休んだ痕跡を観察することができる。

この階段を登れば金山ダムはもうすぐだ

　ところで、歩いてきた郡界尾根周辺で見られるモミやツガは、氷河期にこの地方を覆っていた木々が現在まで生き残っているものといわれている。千葉県特有の植物分布の寸詰り現象を観察することができ、氷河期の植物の名残として、貴重なものだ。
　ひと息ついたら、下りに入ろう。このあたりは山が深く、とても300《メートル》ほどの山とは思えないほどである。登山道は、やせ尾根や鎖場もあるので、雨上がりや子供連れの場合は、スリップしないように注意して行動しよう。40分ほどで**黒塚《くろづか》番所跡**に着く。分岐を左に、金山ダムへのコースを下る。よく整備された関東ふれあいの道なので安心だ。
　指導標にしたがって歩けば、1時間ほどで金山ダムの湖畔に出る。さらにダム湖にかかる赤い橋を渡り、10分ほど進めば**金山ダムバス停**だ。
（伊藤哲哉）

■鉄道・バス
往路＝JR千葉駅（蘇我駅経由）始発の高速バス「カピーナ号」がおすすめ。所要は1時間20～40分。

復路＝金山ダムからのバス便は本数が少ないので、安房鴨川駅までタクシー利用か徒歩の方がよい。
■マイカー
三石山展望広場の駐車場とトイレが

CHECK POINT

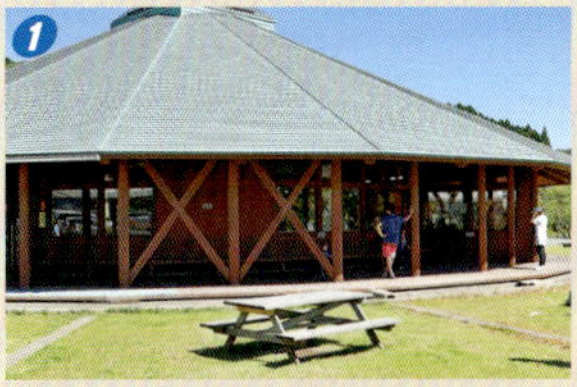

1 道の駅「きみつふるさと物産館」。ここが出発点となる

2 片倉ダム堤体を振り返る。水が豊富な時は、放水の音も大きい

3 三石展望広場。晴天であれば、富士山や横浜の街を望むことができる

4 三石山観音寺。登山の安全を祈願していこう

5 鳥獣供養塔の階段。石を削った階段をひとつずつ登っていこう

6 地蔵峠で小休止。東大演習林の道は春秋の公開日以外は通行禁止

7 清澄山分岐。左に元清澄山へ向かう

8 山頂手前の鎖場。ここは鎖に頼らない方がバランスがとりやすいので、慎重に歩こう

9 三角点のある元清澄山山頂

10 元清澄山からの下山道。森林浴を楽しみながら歩こう

11 黒塚番所跡の分岐。注意していないと通過してしまう

12 金山ダム湖にかかる赤い橋を渡る。トンネルからは金山バス停も近い

利用できる。三石山観音寺と鳥獣供養塔の脇にもトイレがある。

■登山適期

晩秋の紅葉期から新緑のころがよい。特に三石山観音寺の桜の開花時期やキヨスミミツバツツジの咲くころがおすすめ。

■アドバイス

▽4～11月ごろまでは、休憩時にダニに気をつけること。ヤマビルにも注意したい。

▽途中に水場はない。

▽秋にはマムシにも注意。

▽時間に余裕があれば、きみつふるさと物産館から鴨川方面に向かって濃溝の滝、亀岩の洞窟を訪れることもできる。

▽三ツ石山参道入口から三ツ石山展望広場まで往復約10分。

■問合せ先

君津市観光協会亀山支部☎0439・39・2535、君津市経済振興課☎0439・56・1325、鴨川市観光協会☎04・7092・0086、鴨川市商工観光課☎04・7093・7837、日東交通鴨川営業所☎04・7092・1234、千葉中央バス☎043・300・3611、鴨川タクシー☎0120・021・216、さくらタクシー☎0439・70・7000

■2万5000分ノ1地形図

坂畑・鴨川

＊コース図は42ページを参照。

10

日蓮聖人ゆかりの清澄寺発祥の地と清澄寺を訪れる

元清澄山②

もときよすみやま
344m

日帰り

歩行時間＝5時間20分
歩行距離＝18・3km

技術度 ■■□□□
体力度 ■■□□□

コース定数	＝29
標高差	＝329m
累積標高差	↗1267m ↘972m

保台ダム高台からの眺め。ダム周辺の山々の常緑樹が美しい

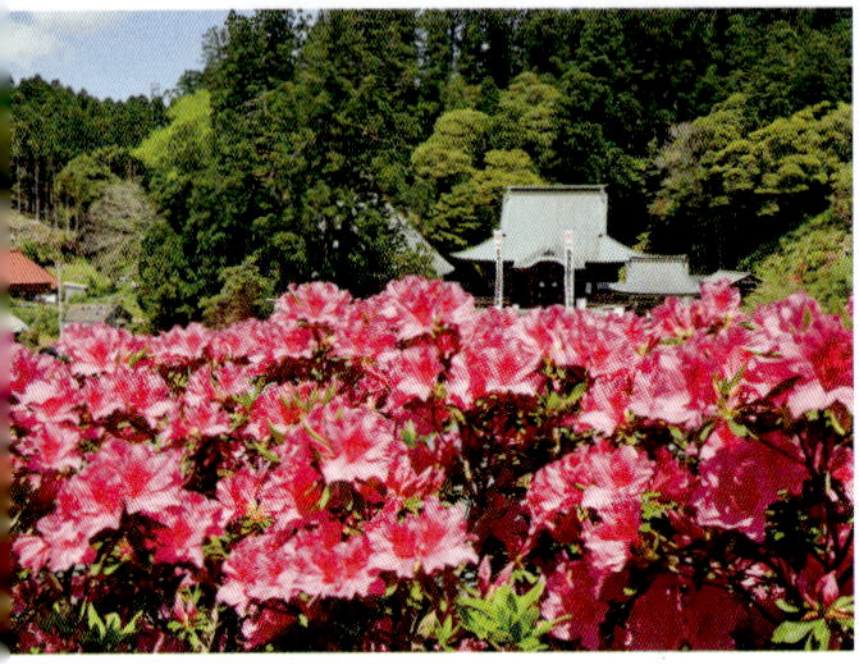
ツツジが見ごろを迎えた5月の清澄寺

鴨川《かもがわ》市の北部、元清澄山の南面を流下する待崎《まちざき》川に建設された保《ほ》台《だい》ダムを起点に尾根歩きを楽しむコースを紹介しよう。安房《あわ》鴨川駅から日東《にっとう》バスに乗車し、**和泉《いずみ》バス停**で下車。待崎川を左に見ながら北に向かって進む。保台ダムの石碑をすぎて保台浄水場前を通ると**保台ダム**の湖面が現れる。駐車場やトイレが整備され、ダム周遊道路や遊歩道が併設されている。

湖畔を左に見ながら周遊道路を進み、30分ほど林道を進むと沢に下り着く。ここが**登山口**だ。

急登していくと、小ピークが連続する細い尾根歩きとなる。ロープの設置されたところや木の根が多く、注意して歩きたい。

やがて右側に清澄山方面が見え隠れしてくると、シダ類の茂る平坦地に出る。元清澄山の山頂はすぐだ。「元清澄山」といわれるのは、現在の清澄《せいちょう》寺《じ》が昔ここにあったからだという。

元清澄山山頂からは、関東ふれあいの道の「モミ・ツガのみち」コースを行く。房州《ぼうしゅう》の生んだ大偉人、日蓮聖人が勉学に励んだ清澄寺が終点になる。急な階段を下り、「清澄寺バス停」と書かれた関東ふれあいの道の標識にしたがって進

■**鉄道・バス**
往路＝JR外房線安房鴨川駅からタクシーを利用して保台ダムへ向かうと便利。バスを利用する場合は、JR外房線安房鴨川駅から日東交通バスで和泉バス停へ。所要5分。
復路＝清澄寺バス停から日東交通バス約20分で安房天津駅へ。JR外房線に乗り、蘇我駅へは1時間20分。

■**マイカー**
保台ダムには駐車場とトイレがある。清澄寺の駐車場やトイレも利用できる。

■**登山適期**
木々が芽吹く早春のころがよい。林道脇の崖にはキヨスミミツバツツジが咲き、小鳥たちがさえずり、充実した山行となる。

■**アドバイス**
▽途中に水場はない。
▽ヤマビル、マムシに注意。
▽千葉県一の多雨地帯であり、雨具は必携。
▽他の山ではあまり見られないモミなどの大木を見ることができる。
▽長い林道歩きでも、春はウグイス、センダイムシクイ、ヤブサメ、ホオジロ、ヤマガラ、シジュウカラ、エナガ、コゲラ、オオルリ、メジロ、カッコウ、ツツドリなどの鳴き声が聞ける。双眼鏡を持参するとよいだろう。

■**問合せ先**

※関東ふれあいの道の「モミ・ツガの道」は2019年の台風禍による倒木が多数残り、2022年4月現在通行止め。改修工事が進行していて、通行の可否は要問合せ。

CHECK POINT

1 保台ダムの湖畔を北上していくと登山口に着く

2 狭い尾根道を通る。注意して元清澄山を目指そう

3 元清澄山山頂。木陰のベンチで休憩していくとよい

4 池ノ沢番所跡。清澄寺まではあともう少しだ

5 清澄寺山門。本堂に参拝していこう

む。左に三石山《みついしやま》観音の分岐をすぎ、うっそうとした木々の中を進んでいく。2月下旬には道脇にひっそりとセリバオウレンが可憐な花をつけている。

やがて広い郷台林道の分岐である**元清澄山登山口**に着く。整備された林道では、小鳥のさえずりや展望を楽しむことができ、春にはキヨスミミツバツツジ、6月下旬にはイワタバコが咲き、目を楽しませてくれる。

次に**林道小倉松森線**に出合い、まもなく**大見山**《おおみやま》を通る。続いて県道を見下ろす橋を渡ると、清澄寺への参道につながる舗装された道路に出る。**清澄寺**に着いたら参拝をしていこう。そして時間の許す限り、境内をゆっくりと散策したい。天然記念物に指定された千年杉は必見だ。（伊藤哲哉）

鴨川市観光協会☎04・7092・0086、日東交通鴨川営業所☎04・7092・1234、千葉中央バス☎043・300・3611、鴨川タクシー☎0120・021・216

■2万5000分ノ1地形図
鴨川・坂畑・安房小湊・上総中野

11

清澄寺からアジサイの名所、麻綿原高原の天拝園へ

麻綿原高原・清澄山

まめんばらこうげん　360m
きよすみやま　377m

日帰り

歩行時間＝3時間5分
歩行距離＝9・5km

技術度
体力度

コース定数＝14	
標高差＝45m	
累積標高差	↗ 541m
	↘ 541m

↑天拝園遊歩道入口から高台にある展望台へ向かう。遊歩道沿いにアジサイが咲く季節に訪れたい

←天拝園の高台から房総の山々と、遠く太平洋を望む

鴨川《かもがわ》市にある日蓮宗の大本山・清澄寺《せいちょうじ》は広い境内を有し、本堂をはじめ、国の天然記念物に指定されている千年杉や日蓮聖人の銅像が立つ旭《あさひ》が森《もり》など、見どころがたくさんある。時間があればぜひ境内の散策もプラスしたい。清澄山（妙見山《みょうけんざん》）は清澄寺の北側にあり、県内では3番目の高さを誇る。妙見宮のある場所が山頂で、ツガなどの樹木が生い茂っている。清澄寺を基点に、林道を歩いて麻綿原高原を往復するルートを紹介しよう。アジサイが咲く6月下旬から7月上旬に訪れるのがおすすめだ。

清澄寺まではJR外房《そとぼう》線安《あ》房《わ》天津《あまつ》駅からバスで15分。車の場合は市営の無料駐車場が利用できる。**清澄寺バス停**から参道を進むと、**清澄寺**の仁王門に出る。本堂や中門、千年杉、仏舎利塔などを一巡し

■鉄道・バス
往路・復路＝安房天津駅から日東交通バスの鴨川市コミュニティバス清澄ルートで清澄寺下車。乗車時間は12分ほど。

■マイカー
館山自動車道君津ICから房総スカイライン、鴨川有料道路、国道128号、県道81号で清澄寺へ。県道に市営駐車場あり。

■登山適期
麻綿原高原入口のアジサイは6月末から7月中旬が見ごろ。4〜5月の新緑、10〜12月の晩秋の季節も歩きやすく、おすすめ。

■アドバイス
▽安房天津駅からのバスは午前中に2本。コミュニティバスの乗車定員は12人なので、団体で利用する場合は問合せること。
▽清澄寺の境内は広く、のんびり散策するのもよい。
▽アジサイの季節は駐車場から天拝園へ通じる道が一方通行になるので注意。天拝園の散策だけなら妙法生寺から粟又方面への車道途中にある駐車場を利用する。

■問合せ先
鴨川市商工観光課☎04・7093・7837、日東交通鴨川営業所☎04・7092・1234

■2万5000分ノ1地形図
上総中野・安房小湊

※2022年4月現在、アジサイのみちの一杯水林道は崩壊のため通行止め。

たら麻綿原高原入口を目指そう。

　参道からさらに先へ直進すると、車両の進入が禁止されている一杯水《いっぱいみず》林道となる。コースは関東ふれあいの道の一部になっていて、道標が整備されているので安心だ。車を気にせずに歩けるのもいい。林道の両側はアカマツやアカガシ、杉などが茂っているが、時折り東側の展望が開ける。

　林道が車道に出合ったところが**麻綿原高原入口**で、道標にしたがって麻綿原高原方向へ左折する。車道をさらに進むと粟又《あわまた》からの道に出合う。ここから展望台まで、道の両側にアジサイが植えられ、花の咲く時期には大勢の観光客が訪れる人気スポットとなる。このあたりは妙法生寺《みょうほうしょうじ》境内の庭園で、展望台に通じる散策路を歩く。山の斜面に咲くアジサイを鑑賞しながら進むと、太平洋が見える**展望台**に到着する。看板には「初《はつ》日山《ひやま》」と書かれている。散策路を下りると、車道の向かい側がパワースポットの天拝壇《てんぱいだん》だ。急な坂道を上がると、お釈迦様が祀られたお堂と、小休止にちょうどよいベンチがある。太平洋を見わたす展望を満喫したい。

　帰路は往路をそのまま**清澄寺**まで戻る。

（田口裕子）

CHECK POINT

1 清澄寺バス停で下車。ロータリー近くに商店とトイレがある

2 本堂から10分ほど奥にある仏舎利塔。手入れされたユリの庭園もある

3 境内をのんびり歩いて本堂へ。千年杉は国の天然記念物

4 車は通行止めになっている林道を麻綿原高原入口へ進む

5 天拝園の入口。園内のアジサイは5万本を超える

6 散策路を上がっていくと展望台に着く。晴れると眺めのいい場所だ

12

キャンプ場や宿泊棟のある県民の森で自然を味わう

内浦山県民の森

うちうらやまけんみんのもり
175m（コース最高点＝勝浦ダム手前）

日帰り

歩行時間＝4時間35分
歩行距離＝15・1km

技術度
体力度

コース定数＝19
標高差＝167m
累積標高差 620m 620m

常緑広葉樹の森に覆われた勝浦ダム。ピクニック気分で歩いてみよう

セラピーコースから見る清澄山系の峰

県内に6箇所ある県民の森のひとつが内浦山県民の森。清澄《きよすみ》山系が連なる森の中につくられた自然公園で、キャンプ場やキャビンなど宿泊できる施設が整い、主に県内学生のレクリエーションに利用されている。園内にはいくつかの遊歩道が設けられているが、2022年現在は一部のコースが閉鎖されている。とはいえ房総《ぼうそう》半島のあるがままの自然を味わうことができる貴重な森なので、ここでは県民の森を基点に、勝浦《かつうら》ダムを往復するコースと、園内の散策を組み合わせて紹介したい。

内浦山にはホンシュウジカ、タヌキ、イタチ、ニホンザルなどの動物が棲み、一年を通じて多くの鳥が訪れている。野鳥のさえずりに耳をすませ、キヨスミミツバツツジやヤマザクラ、フジなど季節の花を愛でながらのんびりと歩いてみたい。

県民の森入口にある**管理棟**に立ち寄り、園内の情報を入手してから歩き出すことにしよう。コースマップも用意されている。

管理棟手前の林道内浦山線は緩やかな登り坂からはじまる。左手に清澄山系の山並みを見ながら30分ほど進むと**三差路**に出る。ここまでは単調な林道が続くが、深い森林を味わいながら歩きたい。

三差路を右折し、さらに林道を進んでダムの東南端へ。視界が開け、**勝浦ダム**の湖面と青空の広がる風景に出会う。農業用水用として建造されたダムで、湖畔は勝浦市民の憩いの場となっている。

のんびりとすごし、同じ道を**管理棟**まで戻ったら、次は県民の森を散策したい。園内を貫く林道の片道約1キロがセラピーコースとして整備され、**奥谷《おくやつ》第二ダム**まで通

■鉄道・バス
往路・復路＝安房小湊駅から徒歩1時間10分。または駅からタクシー利用か日東交通バスの鴨川市コミュニティバス北ルートで内浦山県民の森へ。コミュニティバスはデマンド運行（午前中1本）のみで、予約専用ダイヤル（☎0120・210・175）で事前に予約すること。

■マイカー
国道128号から安房小湊駅方面に入り約4・5キロ。無料駐車場あり。

■登山適期
年間を通して季節の植物、野鳥などを観察できる。真夏は不適。

じている。このほか、「土と水のゾーン」などの遊歩道がある。森の中には渓流があり、秋の紅葉や新緑の若葉など、季節ごとの自然を手軽に味わうことができる。（田口裕子）

CHECK POINT

県民の森入口にある管理事務所。ここでコースの状況を確認できる

勝浦ダムへ続く林道内浦山線入口。緩やかに登っていく

車で行くこともできる勝浦ダム。釣りは禁止されている

セラピーコースは往復約2キロ。ファミリーで森林浴が楽しめる

鴨川市の水源となっている奥谷第二ダム。ベンチが設けられている

■アドバイス

▽安房小湊駅から徒歩の場合は、駅から左へ100メートル進むと「関東ふれあいの道・浦内山県民の森4・5キロ」の案内がある。

▽夏場はヤマビルに注意。管理事務所前にヤマビル除けのスプレーが用意されているが、各自でも対策しておきたい。

▽第二キャンプ場は自然を活かしたテントサイトで、山岳用小型テントでも泊まりやすい料金設定。

■問合せ先

内浦山県民の森管理事務所☎04・7095・2821、鴨川市商工観光課☎04・7093・7837、日東交通鴨川営業所☎04・7092・1234、小湊ハイヤー☎04・7095・2955

■2万5000分ノ1地形図

安房小湊・上総中野

13

潮騒の音を聴き、潮の香りを楽しみながら海辺の遊歩道を行く

八幡岬・官軍塚

はちまんみさき 34m
かんぐんづか 66m

日帰り

歩行時間＝1時間50分
歩行距離＝6・7km

技術度
体力度

コース定数＝7
標高差＝55m
累積標高差 150m 150m

↑八幡岬公園より平島を望む。対岸の峰々の緑と海の青色がとてもきれいだ

←勝浦灯台付近からの八幡岬の眺望。断崖は40《メートル》近くもある

三方を海に囲まれている八幡岬には、かつては勝浦《かつうら》城があった。

現在は徳川家康の側室となったお万の方の像が立つ「八幡岬公園」として人々の憩いの場となっている。1590年、豊臣秀吉の小田《おだ》原《わら》城攻略に伴って、勝浦城が落城した際、城主の息女だったお万の方は、幼い弟を背負い、母とともに40《メートル》近くもある八幡岬の断崖に白布を垂らして海に下り、小舟に乗って伊豆に逃れたという。これが「お万の布ざらし」の伝説で、今もなお地元で語り継がれている。

勝浦灯台は、「ひらめヶ丘」に立つ白色八角形の灯台だ。銚《ちょう》子《し》の犬吠埼《いぬぼうざき》灯台、白《しら》

■鉄道・バス
往路・復路＝東京駅から勝浦駅までは特急「わかしお」で所要約1時間30分。

■マイカー
八幡岬公園、官軍塚には無料駐車場がある。トイレは八幡岬公園、官軍塚付近にある。

■登山適期
通年楽しめるコースだが、気温が高い夏季の日中は避けた方がよいだろう。春は沿道の桜を楽しむことができる。

■アドバイス
▽コースは、高低差が少なく、ファミリーハイキングに向いている。
▽崖には近づかないよう注意しよう。
▽勝浦灯台の敷地内に入ることはできない。
▽時間に余裕があれば、官軍塚から豊浜港、豊浜海岸を眺めながら、部原（へばら）三又バス停まで散策してもよい。官軍塚から徒歩1時間程度。ただし、バスの本数が極端に少ないので、事前に時刻表を確認すること。

■問合せ先
勝浦市観光協会☎0470・73・2500、小湊バス☎0470・82・2821

■2万5000分ノ1地形図
勝浦

CHECK POINT

1

八幡神社への道。登ればすぐに八幡神社の社殿が見える

2

お万の方立像。お参りがすんだら駐車場に戻ろう

3

勝浦灯台。重要な海の指標であることが地形からも理解できる

4

官軍塚を示す標識。関東ふれあいの道は標識が整備されている

5

あずまやのある官軍塚。小休止して勝浦駅に向かおう

浜《はま》の野島崎《のじまざき》灯台と並び、千葉県を代表する灯台である。

官軍塚は、戊辰戦争末期の1869年、函館《はこだて》五稜郭《ごりょうかく》に立てこもる榎本武揚を討つため、北海道に向かう官軍の用船が川津《かわづ》沖で難破したときの遭難者（死者約230名）を埋葬した場所である。

このコースは、整備された車道を歩くハイキングコースである。

JR外房線《そとぼう》勝浦駅で下車し、八幡岬公園を目指そう。車道に沿って勝浦郵便局方面に向かう。さらに、勝浦湾を右に見ながら、歩みを進める。2つ目のトンネルを通ると**八幡岬公園**の駐車場だ。八幡神社、お万の方の立像を見て、雄大な太平洋の眺望、潮騒と潮の香りを満喫しよう。お万の方の立像の奥に、これから向かう勝浦灯台が見える。

駐車場に戻り、勝浦灯台を目指す。トンネルを抜け、坂道を上がる。標識に沿って道を進むと、やがて勝浦灯台が見えてくる。灯台に向かう途中で、八幡岬公園のあずまやとお万の方の立像が遠くに見える。海から公園までの断崖の高さに圧倒される。

勝浦灯台から官軍塚までは平坦な道を進む。途中で見える険しい断崖の形や波しぶき、草花にも目を向けよう。

官軍塚からは**勝浦市役所**を経由し、国道297号を**勝浦駅**方面に向かう。

（伊藤哲哉）

↑黎明の鴨川松島。太平洋から昇る太陽が感動的である

←鴨川漁港から見た浅間山。漁港の町として栄えたことがうかがえる風景だ

14

太平洋の雄大な大海原を眺望する散策コース

魚見塚・鴨川松島

うおみづか　104m
かもがわまつしま　40m

日帰り

歩行時間＝2時間10分
歩行距離＝3・7km

技術度
体力度

コース定数＝6
標高差＝75m
累積標高差　↗115m　↘105m

魚見塚の名は、昔、漁師たちが沖合にくる魚の群れを見張っていたことに由来する。魚見塚にある展望台は、別名「誓いの丘」ともよばれ、女神像「暁風《ぎょうふう》」の前で恋人同士が愛を誓い、その証として鍵をかけると願いがかなうと伝えられている。

一戦場《いっせんば》公園は、石橋山の合戦で敗れた源頼朝が安房に上陸した際、この場所で地元の豪族と争い、勝利したという歴史のある場所だ。鴨川松島は、荒《こう》

■鉄道・バス
往路・復路＝東京駅から安房鴨川駅までは、特急「わかしお」で約2時間。JR外房線安房鴨川駅から日東交通バスを利用し、八岡バス停で下車する。

■マイカー
安房鴨川駅から国道128号を館山方面に走り、一戦場公園に向かう。一戦場公園には無料駐車場がある。トイレは、一戦場公園、魚見塚展望台、弁天島への橋付近にある。

■登山適期
通年楽しめるコースだが、気温が高い盛夏の日中は避けた方がよいだろう。春は桜を楽しむことができる。

■アドバイス
▽コースは、高低差があまりないので、ファミリーハイキングにも向いている。
▽弁天島に入ると厳島神社の赤い鳥居があり、しばらくすると社殿が見えてくる。普段は塀の扉が閉じられていて、中の様子はほとんど見ることができない。
▽荒島の橋は鉄製であり、雨の日はすべりやすいので注意すること。子供が橋の欄干から落ちないよう目を離さないこと。

■問合せ先
鴨川市観光協会☎04・7092・0086、魚見塚一戦場公園センターハウス☎04・7093・1678、

島、弁天《べんてん》島、鵜《う》島、雀《すずめ》島、波涛根《はっとね》島、猪貝《いがい》島、海獺《あしか》島の7つの島々からなる。弁天島と荒島には、橋を歩いて渡ることができる。

ここで紹介するコースは、主に整備された車道を歩くハイキングコースである。JR外房線安房鴨川駅からバスを利用し、**八岡《よおか》バス停**で下車する。太海《ふとみ》方面へ歩くとすぐに標識が見えてくる。標識に沿って緩やかな坂道を登ると一戦場公園にたどり着く。春は桜がきれいで、家族連れも多い。センターハウスを横に見ながら歩みを進めると、すぐに魚見塚展望台が目に入る。

魚見塚展望台で眺望を満喫したあと、鴨川松島のひとつである弁天島を目指そう。魚見塚展望台から浅間《せんげん》山《やま》山頂にある浅間神社を経て大浦《おおうら》バス停へ下る。途中、階段や山道を下り、八《や》雲《くも》神社を経てさらに進むと妙昌寺《みょうしょうじ》が見えてくる。その入口に着けば、すぐそばに**大浦バス停**がある。

バス停から鴨川駅方面へ歩き、鴨川漁港と弁天島への標識に沿って進むと、左に漁協卸売市場が目に入る。漁港に並ぶ漁船と優雅に飛んでいるカモメやウミネコの姿がとても印象的だ。

橋を渡ると**弁天島**にたどり着く。西の方角に目を向けると浅間山とその奥に魚見塚が見える。時間に余裕があれば、荒島にも行ってみよう。帰りは、**大浦バス停**まで戻る。

（伊藤哲哉）

日東交通鴨川営業所☎04・7092・1234
■2万5000分ノ1地形図
鴨川

CHECK POINT

魚見塚展望台への標識。グローバル対応もできている

多くの恋人同士の願いがこめられている。鍵は数えきれないほどかけられている

浅間山山頂の浅間神社。ご神徳には縁結びもある

弁天島と弁天橋。海景と波の音が印象的だ

伝説が残る巨岩と寂光不動をめぐるハイキング

清和県民の森① 笠石・寂光不動

せいわけんみんのもり
かさいし 187m
じゃっこうふどう 246m

日帰り

歩行時間＝3時間15分
歩行距離＝7.0km

技術度
体力度

コース定数＝**12**
標高差＝150m
累積標高差 357m 357m

笠石周辺は好展望地。八良塚、鹿野山など周囲の山をぐるりと見わたせる

君津市の20世紀遺産に指定される寂光不動

寂光不動は豊英《とよふさ》湖東方の山間にある切り立った崖の中腹にひっそりと建っている。かつて旅名《たびな》村で疾病が流行した折に不動明王を祀ったといい伝えられている。

ここでは林道旅名線の終点にある寂光不動と奇岩の笠石をめぐるコースを紹介しよう。清和県民の森では「旅名コース」として設定されている。春を告げるスハマソウやミツバツツジ、コメザクラ、フサザクラが咲く季節にぜひ歩いてみたい。

木更津《きさらづ》駅から亀田《かめだ》病院行き急行バスに乗り、**宿原《しゅくばら》バス停**で下車。国道を南へ20分ほど歩くと**旅名集落**に着く。旅名橋を渡ったところが**フルーツ村入口**だ。ここを左折し、さらに10分ほど歩く。フルーツ村では季節ごとに果物狩りが楽しめるので、本コースを逆に歩いて、帰りに果物狩りをしても楽しい。

果樹園を通りすぎ、フルーツ村の奥にあるビニール

■鉄道・バス
往路・復路＝JR内房線木更津駅から急行バス亀田病院行きで宿原バス停下車。

■マイカー
館山自動車道君津ICから県道92号、国道410号経由で清和県民の森へ。フルーツ村の駐車場を利用する場合はひと声かけてから。林道旅名線は車両の乗り入れ禁止。

■登山適期
年間を通して季節の植物を観察できる。木々が紅葉する秋から、春の訪れを感じられる春先の山行がおすすめ。

■アドバイス
▽途中にトイレや水場はない。
▽登山道は狭く両側が切れ落ちている箇所もあるので、慎重に通過したい。案内表示はしっかりしている。
▽健脚者は他の清和県民の森ハイキングコースと組み合わせてもよい。
▽ロマンの森に立ち寄り湯「白壁の湯」（☎0439・38・2211）がある。

■問合せ先
清和県民の森管理事務所☎0439・38・2222、君津市経済振興課☎0439・56・1581、日東交通鴨川営業所☎04・7092・1234

■2万5000分ノ1地形図
坂畑

※2019年の台風の影響で、2022年4月現在、フルーツ村から笠石まで立入可能。

ハウス横から案内表示にしたがって、笠石を目指して山中に入る。尾根道に出るまではオフロード用の道がいくつかあって迷いやすいが、ともかく上を目指して上がっていこう。

尾根道に立つと動物除けのフェンスがある。フェンスを開けて中に入り、狭い登山道を進んでいく。笠石までは岩が多く細い尾根道が続く。小さなアップダウンがあり、すべりやすい箇所もあるので、慎重に行動したい。

やがて周囲が開けた展望地に着く。正面に八良塚《はちろうづか》、眼下に豊英ダムが見わたせる。ここからすぐ先にあるのが奇岩の**笠石**だ。南北約2・8メートル、東西約2メートルの楕円形の岩が笠のように大岩の上に乗っている。笠石のトップまで行くことができるが、北側は切れ落ちているので充分に注意したい。

笠石をすぎると、すぐにまた展望台があり、岩を登っていくと360度の展望を満喫することができる。

次は寂光不動を目指そう。杉林に出るとすぐに道が二手になる。コースを左にとり、雑木林の道を進む。やがてガードレールが見えてくると**林道旅名線の終点**に出る。林道の少し先に寂光不動への入口があり、左手に入っていく。山の上へと進み、急な階段を上がると木造の**寂光不動**に着く。寂光不動のある崖の上が寂光山で、狭い踏跡をたどると岩の上に出ることできるが、岩場なので登下降には充分に注意したい。

寂光不動から先ほどの林道に戻り、あとは国道までひたすら下っていくと**旅名集落**に戻る。あとは国道410号を歩き、三島大橋を渡って**宿原バス停**まで戻る。

（田口裕子）

CHECK POINT

1

ナシやイチゴなど季節のフルーツ狩りが体験できるフルーツ村が登山口

2

急な砂地を登り切ると展望が開ける

3
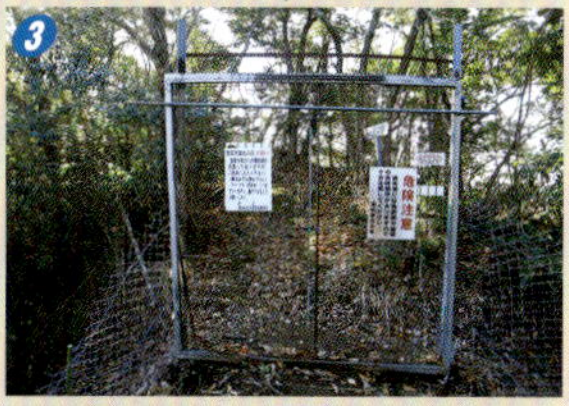
動物避けのフェンスを越えて、笠石コースに入る。空けた扉は必ず閉めること

4

コースの見どころ、奇岩の笠石を下から見上げる

5

展望台からは眺望が楽しめるので、ぜひ立ち寄っていきたい

6

登山道を下っていくと、林道旅名線の終点に出る

7

厳かな雰囲気が漂う寂光不動。巨大な岩壁の下に建っている

8

林道から国道に出たところにある旅名コースの案内図

君津、木更津へ
大塚山
▲280
三島ダム
90
三島小
98
17-1
三島湖
218
92
N
0
500m
1:35,000
•172
久保台
正木
下村
三島山荘
宿原バス停
96m
Start Goal
Start
旧国民宿舎
怒田沢
南台
△215
三島大橋
奥米橋
•90
•203
0.20
410
奥米隧道
195
189
•179
0.10
旅名バス停
旅名集落
15-8
142
奥米
奥米林道
寂光不動入口
15-1
201
旅名橋
フルーツ村
果樹園
0.10
フルーツ村入口
•312
奥米台
旧川
Goal
15-2
15-3
0.35
0.25
•142
109m
展望地
216△
下の台バス停
笠石
15-4
0.45
0.35
奥米台隧道
倉沢
展望台
15-5
八良塚
•342
259
上の台バス停
0.35
149
豊英ダム
寂光不動
旧太郎
道路の開削部分を通る
0.10
234
新豊英トンネル
豊英旧倉沢
0.45
0.55
林道終点
15-7
15-6
•151
開墾場の滝
1.00
三間川
奥畑バス停
奥畑
138
157
木和田橋
木和田
豊英湖
17-6
清和県民の森
山太郎
•258
豊英旧倉沢
三間隧道
林道渕ヶ沢奥米線起点
17-2
0.40
小袋コース入口
松節橋
ロマンの森バス停
222
•214
0.15
148
0.25
0.20
林道香木原線（関東ふれあいの道）
濃溝の滝へ
ロマンの森白壁の湯
16-7
林道渕ヶ沢奥米線
252
林道豊英大滝線
ロッジ村
関東ふれあいの道が分岐する
16-5
ベンチあり
Start Goal
16-2
0.35
0.45
豊英大滝入口
林道三間線（通行止め）
165m
ロッジ村コース入口
展望台
249
277
サン・ラボールバス停
往復0.20
16-10
0.30
0.25
WC
林道渕ヶ沢奥米線の休憩所
16-4
豊英大滝
0.50
0.55
0.05
16-3
16-6
三間モミジコース
0.40 0.30
0.05
0.30
関東ふれあいの道
17-5
P
木のふるさと館
三差路
16-9
192
県民の森バス停
16-1
16-8
入口
17-3
山の神コース
0.30 0.20
298
P
16-12
16-11
0.50
301
オートキャンプ場
17-4
入口
林道渕ヶ沢線出合
•278
オートキャンプ場の入口
林道渕ヶ沢線
林道渕ヶ沢奥米線
410
君津市
305
196
鴨川へ

16

県民の森の自然観察路から豊英大滝へ

清和県民の森②　豊英大滝

日帰り

歩行時間＝4時間5分
歩行距離＝6・0km

技術度　体力度

せいわけんみんのもり
とよふさおおたき
125〜280m

コース定数＝14

標高差＝115m

累積標高差　438m　438m

眺望抜群の展望台は登山口から1時間かからない穴場的なスポット

清和県民の森は南房総《みなみぼうそう》の山懐深くにあり、小糸《こいと》川上流の水源林の保護と豊かな自然を楽しむ目的で開園された施設だ。広大な森の中にはロッジやキャンプ場があり、行楽シーズンの週末は家族連れでにぎわっている。園内は小さな子供を連れてハイキングをするのにちょうどいい自然観察路が整備されている。目的に応じてコースを選択するとよいだろう。

サン・ラポールバス停で下車したら鴨川《かもがわ》方面へ5分ほど歩き、清和県民の森管理事務所である**木のふるさと館**へ。ここで遊歩道のコースマップを入手して出発しよう。キャンプ場へ続く車道を進むとすぐに駐車場がある。左の駐車場奥から遊歩道がはじまり、少し進んだ右手が**ロッジ村コースの入口**だ。ここから森の中に入り、緩やかに登りながらまずは展望台を目指す。

自然観察路はやがて平坦な尾根道になる。可愛らしいお地蔵様を左手に見たら、その先でY字路となる。キャンプ場方面と展望台に分岐する道だが、ここは展望台方面へと左折する。

分岐から5分ほどで**展望台**に到着する。このコースいちばんのビュースポットで、ベンチのある小広場になっている。東側の展望がすばらしく、奥米《おくごめ》周辺の山並みが続いている。あずまやの奥に富士山が見えるポイントもある。

展望を満喫したら先に進もう。ロッジ村までは急な下りとなり、すべりやすい箇所もあるので慎重に下っていきたい。なお自然観察路は展望台で折り返すようになっている。やがてロッジ村の建物が見えてきて、林道渕《ふち》ヶ沢《さわ》線に出る。

林道を右に進むと、200《メートル》ほどで**豊英大滝入口**だ。階段を上がってから沢へ下っていく。沢に下り立ち、沢床を進んでいくと、奥に**豊英大滝**が現れる。2段の滝は下部が天然のすべり台になっていて、夏場は家族で水遊びができる貴重な場所となっている。

大滝入口まで戻り、さらに林道を進む。**オートキャンプ場**が見えてきたら、左手にある「関東ふれあいの道」の標識から急な階段を登っていく。ここから林道渕ヶ沢奥米線に出るまでの関東ふれあいの道は、小さなピークをいくつも越える歩きごたえのあるコースだ。房総の森特有の岩場を通過するポイントがあるので、すべらないよう注意したい。房総の山らしい雰囲気が漂い、深い森の中を歩いて

※2019年の台風の影響で、2022年４月現在、清和県民の森の遊歩道は一部を除き立入りできない。

いることを実感できるだろう。**林道渕ヶ沢奥米線の休憩所**に出て右に進むと、10分ほどで林道渕ヶ沢線に出合う。「キャンプ場1・8キロ」の案内のある分岐を右に入っていく。

やがて**三差路**に出て、オートキャンプ場入口を見る。林道を左へ下ると**木のふるさと館**に戻る。この林道も自然観察路になっていて、地層や火山灰の観察、川の生き物探しなどができておもしろい。

また君津市では市の花であるミツバツツジを保護する目的で、清和県民の森に約3万本のミツバツツジを植栽している。花が咲き、周囲がピンク色に染まる季節にぜひ訪れてみたい。　（田口裕子）

夏場は家族で水遊びができる豊英大滝。季節の花々も咲いている

セラピーコースで新緑の季節に森林浴を楽しみたい

■鉄道・バス
往路・復路＝JR内房線木更津駅から急行バス亀田病院行きでサン・ラポールバス停下車。君津市コミュニティバスを利用すれば木のふるさと館前にある県民の森バス停から豊英湖、三島湖方面へ移動できる。

■マイカー
館山自動車道君津ICから県道92号、国道410号経由で清和県民の森管理事務所へ。木のふるさと館横からキャンプ場方面へ入ると無料駐車場

CHECK POINT

1 国道沿いにある木のふるさと館。自然観察路のマップを入手できる

2 登山口となるロッジ村コース入口。ここから自然観察路を歩く

3 お地蔵さまをすぎたら、展望台への分岐に出る

4 展望台に到着。2022年4月現在、あずまやは使用禁止

5 豊英大滝への入口。滝まで往復すると約20分

6 登山道から下りて少し沢の中を歩くと大滝が現れる

7 関東ふれあいの道入口。アップダウンが多く手強い

8 岩の階段を上がる。木々の間から眺望あり

9 山の斜面がシダに覆われている。植物の観察もおもしろい

10 林道に出たところにベンチがある。小休止してから進もう

11 今から500万年前の砂や泥の地層が観察できるポイントもある

12 木のふるさと館では木工体験もできる。時間をとって立ち寄っていこう

がある。駐車場が満車の場合は、国道沿いにある第一駐車場を利用。

■登山適期

年間を通して季節の植物を観察できる。木のふるさと館では自然観察路の案内図を季節ごとに発行するなど、情報発信している。

■アドバイス

▽清和県民の森には多くの散策コースがあるので、同行者や天候などに応じて組み合わせて歩くことが可能。健脚者は他の清和県民の森のコースと組み合わせてもよい。

▽トイレは木のふるさと館とキャンプ場近くの駐車場にある。

▽関東ふれあいの道に進まず、林道を木のふるさと館へ戻ればより手軽なコースになる。

▽君津市は清和県民の森・豊英地区で「日本一のミツバツツジの里」を目指して保全活動を進めている。

▽マムシに注意すること。

▽ロマンの森に立ち寄り湯「白壁の湯」(☎0439・38・2211)がある。

■問合せ先

清和県民の森管理事務所☎0439・38・2222、君津市観経済振興課☎0439・56・1581、日東交通鴨川営業所☎04・7092・1234

■2万5000分ノ1地形図

坂畑

＊コース図は58㌻を参照。

17

蛇行する川がつくる美しい景観をめぐる
清和県民の森③ 三島湖

せいわけんみんのもり みしまこ

70〜250m

日帰り

歩行時間＝3時間45分
歩行距離＝14・2km

技術度
体力度

コース定数＝22

標高差＝205m

累積標高差 950m 937m

静かに水をたたえる三島湖

清和県民の森は小糸《こいと》川上流の広大な自然を「森と湖」の森として千葉県が整備した森林公園である。三島湖や豊英《とよふさ》湖を中心とした園内には遊歩道が整備され、多くのハイカーが四季折々の自然を楽しんでいる。

しかし、近年遊歩道のいくつかが閉鎖され、特に三島湖周辺のコースを歩く機会が少なくなってしまった。そこで魅力ある三島湖をめぐり、奥米《おくごめ》の集落を通って東側から県民の森へ入るコースを紹介しよう。地形図を見るとわかる通り、川の蛇行が複雑な地形をつくり、思いもかけない景観を見せていることを発見できるだろう。

宿原《しゅくばら》バス停から北東方向に進み、三島小学校入口の先を右折して南下する。いよいよ三島湖のエリアであるが、蛇行した川が水をたたえたため、東西は湖面に囲まれた岬のような地を歩くことになる。青空のもと釣り人がのんびりと糸を垂れている。両側に桜がある岬の先端から奥米橋を渡る。すぐに長短二連の奥米隧道がカーブをしながら続いている。先の長いのは素掘りの壁にコンクリートを吹きかけたもので、一人歩きでは寂しい気がする。

さらに南下し、奥米台《おくごめだい》隧道を抜け、道路の開削部分を出たところあたりから、人家もまばらになる。道路の左下には小糸川水系の三間《さんま》川が流れていて、房総《ぼうそう》地方特有の「川まわし」によりできた開墾場の滝などもある。

最後の人家をすぎた少し先で三間隧道を抜けると市道は終わり、**林道渕《ふち》ヶ沢《さわ》奥米線**が右へ登っている。左から来ているのは関東ふれあいの道（滝のある道）の一部になっている林道香木原《かぎはら》線だ。

林道奥米線は関東ふれあいの道でもあり、約1キロ強で小袋《こぶくろ》コースの入口。このあたりから林道は稜線上を通り、樹木の間からの展望もきくようになる。右手に関東ふれあいの道の尾根入口である**林道渕ヶ沢奥米線の休憩所**に着く。

ここから先は小さなピークを越

■鉄道・バス
往路＝JR内房線木更津駅西口から日東交通バス亀田病院行き急行バスで宿原バス停下車。
復路＝往路と同じバスの下の台バス停から木更津駅へ。

■マイカー
館山自動車道君津ICから県道92号を経て国道410号を鴨川方面へ。三島湖、清和県民の森にはいくつかの駐車場がある。

■登山適期
下草が枯れる紅葉のころから、山々の木々がいっせいに芽吹く春までが登山に適している。

■アドバイス
▽三間川の開墾場の滝は名前の示す通り、開墾のために「川まわし」によって生まれた滝である。国土地理院の地形図にもある滝だが、見学には細心の注意を払い、地元の人に迷

えながら、急峻な尾根を下る。小ピークからは広い県民の森を俯瞰し、高宕山《たかごやま》や八良塚《はちろうづか》などの展望が得られる。小さな尾根だが複雑な地形が楽しめる。オートキャンプ場までの下りは慎重に歩きたい。

休憩所から尾根を下る前に、少し林道を進んだ左手に三間モミジコースと山の神コースの入口がある。両コースとも三間川沿いの林道まで東に向かった尾根を下るコースである。林道三間線が現在通行止めなので、往復するか、周遊するしかないが、約1時間ほどなので小尾根につけられた遊歩道をぜひ歩いてみたい。

オートキャンプ場から先は、**豊英大滝入口**、ロッジ村を通り林道渕ヶ沢線を進む。松節《まつぶし》橋、**木和田《きわだ》橋**を渡り、右折して旧道を上がると、ちょうど新豊英トンネルの上になり、さらに進むと**下《しも》の台《だい》バス停**に着く。（植草勝久）

関東ふれあいの道から俯瞰するロッジ村

CHECK POINT

1 宿原バス停から北東に向かって歩き、三島湖に出る。三島湖は釣り人たちのメッカである

2 三間隧道を抜けると右へ林道渕ヶ沢奥米線がはじまる。左へは林道香木原線だが通行止めだ

3 林道渕ヶ沢奥米線から三間モミジコースの下り口。トンネルがある尾根まで登り返す

4 林道からの山の神コースの登り口(下り口)。小さな鳥居をくぐって入っていく

5 関東ふれあいの道の尾根を下るとオートキャンプ場に出る。コースは右にとる

6 コースも終盤。手入れの行き届いた田んぼを見ながら木和田橋を渡って下の台へ

惑のかからないように留意したい。

▽関東ふれあいの道になっている尾根の入口にある休憩所からのコースは、台風被害でコースが荒れているので歩行に注意。

▽三間モミジコースと山の神コースは台風被害で荒れているため、2022年4月現在立入禁止になっている。

▽木和田橋から関東ふれあいの道は旧道を通ってトンネル上に上がり、下の台バス停へ向かうが、三差路を左折してトンネルの国道を左折すれば、奥畑バス停である。

■問合せ先
清和県民の森管理事務所☎0439・38・2222、日東交通鴨川営業所☎04・7092・1234、君津市コミュニティバス☎0439・56・1566

■2万5000分ノ1地形図
坂畑

＊コース図は58ページを参照。

三間川にかかる開墾場の滝

18

安房高山・請雨山

地形図に山名のない2等三角点の山頂で展望を楽しむ

日帰り

歩行時間＝4時間45分
歩行距離＝10・6km

あわたかやま　365m
しょううさん　320m

技術度　体力度

コース定数＝19
標高差＝317m
累積標高差　600m　600m

尾根上の展望地から長狭盆地を眺める。遠くに太平洋が見える

小春日和の安房高山、請雨山の山並み

梵字が刻まれた自然石が登山者を見守るようだ

安房高山は、千葉県では標高の高い山でありながら、地形図に山名が記されていない。また、周囲は林道で大きく削られていて、県内でこれほど山容が変貌した山も珍しい。しかし、頂上からの展望はすばらしく、元清澄山《もときよすみやま》方面の山並みや、遠く鴨川《かもがわ》の街並みから、銀色に輝く太平洋、嶺岡《みねおか》山系や鹿野山《かのうざん》方面の眺めは格別である。

コースを紹介しよう。JR外房《そとぼう》線鴨川駅からのバスを**長狭《ながさ》中前バス停**で下車。国道410号を君鴨《きみかも》トンネル方向に北上する。途中、牛頭《ごとう》橋からは、安房高山の山並みが迫ってくる。

やがて右に**旧国道410号入口**がある。ここから林道高山線を目指して30分ほど登っていく。途中で愛宕《あたご》神社の鳥居を望むことができる。

登り着いた**T字路**を右折し、林

■**鉄道・バス**
往路・復路＝東京駅から安房鴨川駅までは、特急「わかしお」で約2時間。入下山口の長狭中前バス停へはJR外房線安房鴨川駅から日東交通バスで約20分。

■**マイカー**
マイカーやタクシーを利用する場合は、国道410号の旧道入口まで。付近に数台の駐車スペースがある。

■**登山適期**
晩秋から春までがよい。春はバードウォッチングにも最適である。

■**アドバイス**
▽長狭街道から旧道410号入口は県道、国道を歩くので、車に充分注意すること。
▽清和県民の森から登るコースもある。時間があれば、三郡山まで縦走するのもよいだろう。

■**問合せ先**
鴨川市観光協会☎04・7092・0086、日東交通鴨川営業所☎04・7092・1234、鴨川タクシー☎0120・021・216、きようほタクシー☎0120・022・351、館山中央交通☎0120・057・014

■**2万5000分ノ1地形図**
鴨川

道高山線に入る。しばらくすると、左に折れる登りの坂道に出合う。あとで訪れる愛宕神社への道なので、事前に確認しておこう。さらに、10分程度歩くと梵字が刻まれた自然石と石碑のある**安房高山登山口**に着く。

コンクリート舗装された小道から尾根道を急登する。登りきるとりっぱな石碑を見つけることができる。さらに尾根道を境界見出標に沿って山頂を目指す。最後の急登で**安房高山**山頂だ。山頂からはすばらしい展望が広がる。

下山は登ってきた道を戻り、請雨山に向かう。事前に確認した分岐を右折し、階段を登りきると愛宕神社の鳥居に到達する。石段を登ると2つの石の祠があり、さらに奥社と続き、**請雨山**山頂だ。長狭盆地を眼下に、休憩には最適である。

下山は、西に向かって林道へ緩やかに下る。**林道**に出たら左に折れ、しばらく歩くと登ってきた**T字路**だ。ここから長狭街道に下っていく。（伊藤哲哉）

CHECK POINT

1 国道410号から旧国道へ入る。細い道だが舗装されている

2 登山口の方向を示す標識。進む方向を確認しよう

3 安房高山登山口から登るとすぐに出合う小さな石祠。安全を願い、しっかりお参りしよう

4 三角点のある安房高山山頂。山頂付近の見晴らしのよい場所で休憩しよう

5 林道高山線を右に登る。階段を登ると愛宕神社の鳥居が見えてくる

6 愛宕神社の鳥居をくぐって石段を登ろう

自然林から垣間見る笹子塚と八良塚（右奥）

19

房総最奥の自然林の尾根を歩く

三郡山《みごおりやま》 337m

笹子塚《ささごづか》 308m

日帰り

歩行時間＝5時間5分
歩行距離＝11・2km

技術度 ■■□□□
体力度 ■■□□□

コース定数＝22	
標高差＝203m	
累積標高差	↗917m ↘1008m

　三郡山は長狭《ながさ》平野をはさんで嶺《みね》岡《おか》丘陵と対峙している山である。清澄山《きよすみやま》から鋸山《のこぎりやま》へ、東西を結ぶ分水嶺に対して、三郡山から北へ高《たか》宕山《ごやま》、鹿野山《かのうざん》を結ぶ尾根のうち、最も山深い自然林を歩くコースを紹介しよう。

　JR木更津《きさらづ》駅から急行バスに乗り、**ロマンの森共和国バス停**で下車。バスの進行方向とは逆に15分ほど歩くと奥畑《おくはた》バス停である。左手の指導標に導かれ、奥畑集落を通って山に向かって進む。**八良塚《はちろうづか》分岐**の広場を経てわずかに行くと**郡界《ぐんかい》尾根分岐**に到着する。三郡山へはこの分岐を左に入っていく。

　君津《きみつ》市と富津《ふっつ》市の市境の尾根を南下する。およそ45分で**お茶立場《ちゃたてば》への分岐**に着く。コースは小さなピークを登り下りしながら尾根通しに進む。自然林の中の道が長く続き、笹子塚（笹郷山《ささごうやま》）の手前で山頂を越える道と清和《せいわ》側の巻道に分かれるが直進する。

モミやツガの大木が残る自然林を行く

　笹子塚をすぎると、展望が得られる白い大きな露岩が現れる。岩の上からは湊《みなと》川上流の複雑な尾根と谷が見下ろせる。

　再びモミやツガの大木が残る自然林の中を歩くが、地形が複雑に入り組んでいるので、標識やテープを見逃さないようにしたい。露岩から40分ほど歩くと、左に**尾崎《おざき》への道が分かれる**。

　左手に327《メートル》ピークが木の間越しに見えてくると、三郡山へだいぶ近づいたことになる。主稜が大きく右に折れてしばらく進み、少しの登りで**三郡山**山頂に立つ。

　山頂手前から右（西）に下ると、ほどなく横尾《よこお》林道の**三郡山入口**へ飛び出す。眺望のよい林道で、嶺《みね》

■鉄道・バス
往路＝JR内房線木更津駅西口から日東交通バスでロマンの森共和国バス停下車。所要時1時間1分。
復路＝日東交通バス（金谷・長狭線）で東京湾フェリーバス停下車。徒歩でJR内房線浜金谷駅へ。

■マイカー
奥畑バス停に駐車場がある。車複数台で回送する必要があるが、横尾林道の三郡山入口へ駐車できる。

■登山適期
尾根のほとんどが自然林に覆われているので、下草が生えず、やぶに悩

岡愛宕山《おかあたごやま》山頂のドームが意外に近くに見える。また、遠く鴨川《かもがわ》の街とその先に太平洋も見わたせる。

すぐに横尾林道から分かれ、右に林道大幡《おおはた》線に入る。嶺岡の山々や長狭平野の眺望を楽しみながら、長狭街道まで下る。県道に出て右に行けば**安国寺《あんこくじ》バス停**がある。（植草勝久）

CHECK POINT

1

郡界尾根分岐からは歩きやすい関東ふれあいの道と分かれ、いよいよ長い尾根歩きがはじまる

2

巻道を通らず直接登ると、ひっそりとした笹子塚山頂に到着。3等三角点があるが眺望は得られない

3

三郡山の山頂は樹林の中だ。横尾林道へは山頂の少し手前から踏跡を西へ

4

林道大幡線を下り安国寺バス停へ。嶺岡の山と長狭平野の眺望を楽しみながら下る

まされることはないが、新緑やヤマザクラが咲く時期がよい。

■アドバイス

▽このコースは、一般のハイキングコースではないので、読図のできる経験者と同行したい。

▽お茶立場は分岐から宇藤木側に少し下ったところだが、今はなにもない。頼朝伝説とともに、ロマンを感じさせる名前だけが残っている。

▽コース中の3等三角点峰308メートルは、途中の標識には「笹郷山」の名前が使われているが、「笹子塚」が正しい。

▽入山口の奥畑バス停にはコミュニティバスでもアプローチできるが、便利ではない。

▽ロマンの森共和国バス停からひと区間だが、コミュニティバスを使い、奥畑バス停に戻ると楽である。

▽安国寺バス停からはJR外房線安房鴨川駅にも出られる。長狭中前バス停からは往路に使った日東交通バスで木更津駅にも出られる。

■問合せ先

清和県民の森管理事務所☎0439・38・2222、日東交通鴨川営業所☎04・7092・1234、君津市コミュニティバス☎0439・56・1566、ロマンの森共和国☎0439・38・2211

■2万5000分ノ1地形図

鬼泪山・坂畑・金束・鴨川

20

嶺岡浅間

白滝と天狗面を訪ね、のどかな田園風景を俯瞰する

みねおかせんげん
335m（1等三角点）

日帰り

歩行時間＝2時間35分
歩行距離＝8・5km

技術度 1/5
体力度 1/5

コース定数	＝12
標高差	＝301m
累積標高差	↗ 472m ↘ 465m

↑鴨川パラグライダー練習場から郡界尾根と長狭平野を望む

←溜池越しの嶺岡浅間

房総《ぼうそう》の山々は、日本の経済成長とともに開発のあおりを真正面から受けたため、山道がなくなったり、極端な例では山そのものがなくなってしまったところもある。嶺岡浅間の北面もその一例だ

嶺岡浅間には、通称「嶺岡スカイライン」といわれる林道嶺岡中央2号線を車で走れば、簡単に頂上に立つことができるが、ここでは、古典的ルートで頂上に向かうことにしよう。

安房鴨川《あわかもがわ》駅からのバスを**主基《すき》バス停**で下車。正面の嶺岡山系の山麓にある白滝不動教会に向かって舗装道路を歩く。途中からは嶺岡浅間や330メートルのピーク、振り返れば堂々とした安房高山《あわたかやま》方面から郡界尾根の山々が間近に見える。

加茂《かも》川を渡り、約3キロで昭和院《しょうわいん》

■鉄道・バス
往路・復路＝千葉駅から安房鴨川駅間は、JR外房線で所要2時間。入下山口の主基バス停へは、安房鴨川駅から日東交通バスで所要17分。

■マイカー
マイカーやタクシーを利用すると、白滝不動教会まで入れる。駐車場を利用することもできる。

■登山適期
秋もよいが、木々が芽吹く新緑のころがベスト。

■アドバイス
▽林道嶺岡中央2号線から入る場合、330メートルピークの方がりっぱに見えるので間違えやすい。
▽愛宕山のコースと組み合わせたり、林道嶺岡2号線で風早に下り、高鶴山とつなげると充実した山行になる。
▽石段左脇の道は、境内に続いているが、少し奥に入ると白滝（白絹の滝）がある。
▽白滝不動教会境内からの登山口は左手の建物と建物の間からである。小さな標識がある。

■問合せ先
鴨川市商工観光課☎04・7093・7837、日東交通鴨川営業所☎04・7092・1234、鴨川タクシー☎0120・021・216

■2万5000分ノ1地形図
鴨川

CHECK POINT

白滝（白絹の滝）。水量が豊富なときはみごとな滝となって流れ落ちる

白滝不動教会本殿。登山の安全を祈願しよう

パイプの橋を渡る。しっかり固定されていて安心だ

天狗の面。ここでも登山の安全を祈願しよう

山頂の一角には浅間神社の石宮がある。安全な登山であったことに感謝しよう

嶺岡浅間山頂にある1等三角点と山頂標識

林道熊取線の標識。このような標識がこの林道には整備されている

終点の仲上の台バス停

前の溜池付近に出る。正面に見える急な石の階段を登ると白滝不動教会本殿前に出る。

　境内の一角に山頂への登り口があり、建物の左から急な登り坂がのびている。落ち葉の下に岩も出ているので気をつけて登ろう。100m《メートル》ほどをいっきに上がると、木の鳥居が見えてくる。さらに歩みを進めると、左上の尾根上に3基の**石祠**がある。はじめての人は、祠にはめこまれた石の天狗面を見て異様な感じを抱くだろう。

　しばらく行くと林道に出る。山道はすぐ反対側の林の中に続いている。杉林に入り、鳥居をくぐると頂上はもうすぐだ。

　嶺岡浅間頂上には、大きな石の宮があり、石尊さまが祀られている。三角点はその奥にある。

　時間があれば、**鴨川パラグライダー練習場**まで足をのばそう。晴天の時は郡界尾根や長狭《ながさ》平野を見わたすことができる。

　帰路は、一般には往路を下るが、携帯電話会社の鉄塔を右に折れ、林道熊取《くまとり》線を下って**仲上《なかうえ》の台《だい》バス停**まで下ることもできる。

（伊藤哲哉）

21

洲貝川の源頭をたどり、曽呂谷の独立峰へ

高鶴山

日帰り

たかつるやま 326m

歩行時間＝2時間25分
歩行距離＝5・0㎞

技術度
体力度

コース定数＝9
標高差＝152m
累積標高差 ↗500m ↘500m

高鶴山の山頂から太平洋を眺める

鴨川《かもがわ》市曽呂《そろ》谷の奥にある独立峰が高鶴山だ。山の周囲は豊かな水を利用した稲作が盛んで、のどかな田園風景が広がっている。かつては高鶴配水場のある南東側にも登山口があったが、今はほとんど利用されていない。登山道として再び整備されるまでは西側の沢沿いのルートと、南麓の東善寺《とうぜんじ》からのルートを利用することになる。

畑のせき。堰堤を進むと湖面を望める

鴨川駅からコミュニティバスを利用して**風早《かざはや》バス停**で下車。バス停から南に入る林道を進む。10分ほど歩くと「畑のせき」と書かれた看板が立っている。ここが高鶴山への**登山口**だ。左手にある歩道に入っていく。すぐに畑のせきになり、しばらくダムに沿って歩く。左手に三段の滝が見えたら、滝のすぐ上を木橋で渡る。ここから登山道は沢沿いのコースになる。洲《す》貝《がい》川の源頭から流れる小さな流れを右に左に歩いていく。

竹林をすぎ、急な登りで**十字路**に出る。右から登山道が合流し、古峰《こぶ》ヶ原《はら》神社の入口もある。高鶴山へは左へ進むが、先に**古峰ヶ原神社**に立ち寄ってお参りしていこう。往復10分程度で登山道に戻り、次は山頂を目指す。

しばらくは広く歩きやすい登山道が続く。「山頂まで225㍍」の看板をすぎたあたりから登山道の傾斜が強くなってくる。急な斜面

■鉄道・バス
往路・復路＝鴨川駅から鴨川市コミュニティバス南ルートの曽呂終点行きで風早バス停下車。

■マイカー
君津方面からは君津IC、国道410号、県道89号で風早へ。県道272号に入る。保田方面からは鋸南富山ICから県道89号で風早へ。周辺に駐車場はない。林道は狭く容易に車を停めることはできないが、登山口近くに車1〜2台のスペースがある。

■登山適期
通年歩けるが、秋から初夏がよい。

■アドバイス
▽鴨川駅西口からのバス便は午前中に2本。帰りの便も本数が少ないので事前に確認すること。
▽東善寺に仮設トイレがある。
▽高鶴山の南麓は棚田が美しい。

■問合せ先
鴨川市商工観光課☎04・7093・7837、鴨川観光協会☎04・7092・0086、日東交通鴨川営業所☎04・7092・1234、鴨川タクシー☎0120・021・216

■2万5000分ノ1地形図
鴨川

を登りきったところが**高鶴山**山頂の西端だ。ここから富士山が見える。

天神様のうしろのこんもりした広場に上がると、太平洋が広がって見える。なんとも気持ちのいい場所なので、ベンチはないが、のんびりお弁当を広げて休憩したい。

帰路は先ほどの**十字路**まで戻る。同じ道を下ってもいいが、本コースでは高鶴山南麓の集落へ下りることにする。しばらく中腹を巻くように進み、やがて登山道は南へ下っていく。右手に柿の畑が見えたらそのまま狭い道を進むと民家の脇に飛び出る。舗装路を左に進むと**東善寺**だ。庭には寺の厚意で仮設のトイレがある。

県道を右手に進むと10分ほどで金杖《かなづえ》の滝が左手に見えてくる。畑のせきの看板がある**登山口**はそのすぐ先だ。あとは**風早バス停**まで戻っていく。（田口裕子）

CHECK POINT

1

風早バス停で下車。バス停は十字路にあるが、南側の狭い林道に入る

2

「畑のせき」の看板が目印。矢印の横に手書きで高鶴山と書かれている

3

三段の滝のすぐ上にかかる木橋を渡って洲貝川に沿って歩く

4

古峰ヶ原神社へは往復10分ほど。竹林の中にひっそりと建っている

5

高鶴山山頂にある神社の祠の中には天狗の面が祀られている

6

林道から見ることのできる金杖の滝は落差23メートル

22

嶺岡の里山をめぐるハイキングコース

嶺岡馬ノ背

みねおかうまのせ 306m

日帰り

歩行時間＝3時間40分
歩行距離＝8・4km

技術度 体力度

コース定数＝**13**
標高差＝254m
累積標高差 330m 345m

↑みんなみの里から歩きはじめると馬ノ背方面が望める（左から嶺岡愛宕山、大塚山、馬ノ背）

←馬ノ背から望む大山千枚田と津森山

嶺岡山系の愛宕山《あたごやま》は千葉県の最高峰としてよく知られているが、この山の北方に特徴のある山容をした中塚山《なかつかやま》、大塚山《おおつかやま》、馬ノ背があることはあまり知られていない。前2つはコースが荒れているため、一般には案内できないのが残念である。馬ノ背に登り、愛宕山や分水嶺の山並みの景観を楽しみながら、嶺岡の里山をめぐるコースを紹介しよう。

コースのスタートは国道410号沿いの鴨川《かもがわ》市総合交流ターミナル**みんなみの里**。長狭《ながさ》平野の中心で、背後にこれから歩く嶺岡の山々が広がる。南に向けて歩き出して、すぐに右折。逆川《さかさ》沿いを歩き、最初の橋を渡る。突き当たりの舗装道路を左折すると、細野《ほその》天満宮の入口である。

舗装道路を道なりに進んで御園《みその》橋からの道の交差点（嶺岡キャンプ場入口）に出られるが、曹洞宗の名刹・長安寺《ちょうあんじ》を訪ねるため、道が大きく右へカーブする手前から左へ、もう一度橋を渡って回り道をしよう。

案内標識に導かれてのどかな山里を南西に進むと、**長安寺**はすぐだ。参拝をすませ、山門を出て左に進み、登り勾配で富川《とみかわ》の集落を通り、いったん下って川を渡ると、先の交差点への道に出る。

左に進むとすぐに交差点で、突き当たりの民家の南にもう一本道があることがわかる。ここに嶺岡キャンプ場への案内標識がある。

この道を山際に沿って進む。やがて分水嶺を見わたせるうさぎ田に着く。春には桜の名所になるところで、休憩するのによい場所だ。

やがて尾根上の道となり、傾斜も増してくる。大きく右へ曲がると右手に愛宕神社の階段が登っている。先に進むと、もうそこは嶺岡キャンプ場の一角である。さらに一段先に登ると広場になっていて、左手が馬ノ背への取付だ。

指導標にしたがってひと登りすると、東西に長い**馬ノ背**の一角に立つ。ベンチなどが置かれ、眺望

■鉄道・バス

往路＝JR安房鴨川駅または東京湾フェリー金谷港から日東交通バスに乗り、みんなみの里下車。所要時間は前者が21分、後者が44分。またJR木更津駅西口からは同社の急行バスで1時間10分。長狭中前下車、みんなみの里へは徒歩300㍍。

復路＝御園橋バス停からは往路のバ

のきく気持ちのいい尾根である。尾根の西端の高みには、大日如来を祀る大日岩（大日様）がある。ここから南へ急坂を下りると旧道に出合う。左に行くと大塚山方面だが、コースが荒れているので初心者にはすすめられない。ここでは右へ、嶺岡牧の石積み跡をめぐり、元名《もとな》の集落へ進む。

元名の舗装道路に出たら左へ、元名の鉱泉、**いさきの池**、猿口《さるくち》の滝などを訪ねて往復しよう。帰路は古泉《こいずみ》千樫《ちかし》生家、熊野《くまの》神社を経て**御園橋バス停**に出る。（植草勝久）

CHECK POINT

1

コースの出発点はみんなみの里。南方に嶺岡の山がたおやかに連なる

2

石段を登り、山門をくぐると関東一大きい石宮の愛宕神社がある

3

急な道をひと登りすると馬ノ背。尾根の西のはずれには「大日様」とよばれる大日岩がある

4

なかば埋もれてしまっている石積みは、嶺岡牧の石積み跡（野馬土手）である

スを利用。長狭中前やみんなみの里まで歩いても1キロ程度である。

■マイカー

みんなみの里へは、館山自動車道君津ICから国道410号で長狭学園交差点先300メートル。

■登山適期

このコースは「里山ウォーキング細野元名コース」として紹介されており、四季折々の自然が楽しめるが、やはり里に花が咲く春や、取り入れの終わった秋の風情を楽しめる時期がベストだ。

■アドバイス

▽嶺岡大塚山は、コースが整備されてなく、崩壊箇所もいくつかあるのでここでは紹介しなかった。山慣れた人が同行すれば、大日岩から南へ下りた地点から左へ踏跡をたどって登ることができるが、細心の注意を払ってほしい。

▽「いさきの池」から西へさらに細い車道をたどれば、大山千枚田や大山不動尊方面に行ける。24大山千枚田・二ツ山②の項を参照のこと。

■問合せ先

鴨川市商工観光課☎04・7093・7837、みんなみの里☎04・7099・8055、日東交通鴨川営業所☎04・7092・1234、鴨川タクシー☎04・7092・1216

■2万5000分ノ1地形図

鴨川・金束

23

一度は立ちたい千葉県の最高峰

愛宕山・二ツ山①

あたごやま　408m
ふたつやま　376m

日帰り

歩行時間＝5時間20分
歩行距離＝17・2km

技術度 ▲▲△△△
体力度 ♥♥♡♡♡

コース定数＝21

標高差＝356m

累積標高差 ↗610m ↘604m

全国の都道府県の最高峰の中で最も標高が低いのは千葉県の最高峰である。それでも最高峰なる山には立ってみたいもの。長狭《ながさ》平野や安房高山《あわたかやま》方面から見ると、山上に白いレーダードームをのせて、ひときわ目立つ山が千葉県の最高峰・嶺岡《みねおか》愛宕山だ。

←長狭方面から望む千葉県の最高峰・愛宕山

←家族連れでにぎわう嶺岡牧場

嶺岡は日本酪農発祥の地としても知られたところであり、愛宕山の南麓に広がる嶺岡牧場の千葉県酪農のさとは、家族連れやハイカーが多く訪れる。このコースは、ここをスタートとする。

愛宕山の山頂は、航空自衛隊峯岡山分屯基地内にあるため、入山には許可が必要となる。定められた手続きをしっかりとったうえで登山をしたい。**酪農のさと**で許可された時間を調整したうえで出発しよう。

いったん国道410号を北に200メートルほど戻り、大井分岐から左に林道嶺岡中央1号線を登る。しだいに右手の長狭方面が開けてくると基地ゲートである。**基地の正門**で手

■鉄道・バス

往路＝みんなみの里へのアプローチは22嶺岡馬ノ背を参照。

復路＝東星田から平群の国保病院まで約1時間歩くことになる。岩井駅へのコミュニティバスは本数が少ないため、タクシーの利用も便利。

■マイカー

富津館山道鋸南保田ICから長狭街道（鴨川・保田線）で長狭学園交差点。国道410号でみんなみの里経由酪農のさとへ。

■登山適期

年間を通して楽しめるが、特に春は林道脇の桜やスミレ、また、シャガの群落もみごとである。嶺岡牧場の桜の時期もよい。

■アドバイス

▽愛宕山三角点へは1週間前までに基地の許可が必要。申込みには以下の項を連絡のこと。①見学予定日（見学可能日：毎週火・木曜並びに毎月第1・3土曜、日曜の12～13時）、②代表者または団体名、③見学者全員の住所、氏名、年齢、④代表者連絡先（電話番号）、⑤車の場合は車種およびナンバー。見学の際には身分を証明できるものを提示する。連絡先は南房総市丸山平塚2・564 第44警戒隊総括班広報係（☎0470・46・3001）。なお、新型コロナウイルス感染拡大のため、2022年3月現在受付中止。

二ツ山山頂から西方の眺望。遠く富山と伊予ヶ岳が見える

続きをとろう。愛宕山の山頂までは基地隊員が同行してくれる。石段を上がり、鳥居をくぐって登ると408㍍の3等三角点がある**愛宕山**の山頂である。

二ツ山へは基地のゲートまで戻り、嶺岡林道を左に進む。1・5㌔ほど歩くと、右側に小さな標識が二ツ山を案内している。わずかな登りで広々とした**二ツ山**南峰に着く。

東星田《とぼしだ》へは再び嶺岡林道に出て、西に進む。大《おお》田代《たしろ》からの林道を合わせ、さらに西谷《にしたに》への林道を左に分け、アンテナのポールを右に見て、左手のガードレールが切られたところに石積みがある。ここが東星田に下りる**尾根の入口**である。はじめは踏跡程度で心細いが、やがて山道は明瞭な尾根を下る。東房子嶺《とぼしれい》のそばを通って別荘地帯を抜け、五差路を右折して県道に出る。**東星田**からは山里を楽しみながら平群《へぐり》の**国保病院前バス停**に向かう。（植草勝久）

CHECK POINT

「みんなみの里」から南に歩き嶺岡牧場「酪農のさと」へ。資料館では酪農資料が展示されている

千葉県の最高点・嶺岡愛宕山山頂。基地ゲートで手続きをして登りはじめる。往復30分ほどだ

二ツ山へは中央林道からわずかな登りで着く。山頂にある善右衛門君遺功碑

東星田へ下りる尾根の入口。林道からの入口を慎重に確認しよう

■問合せ先
南房総市観光プロモーション課☎0470・33・1091、日東交通鴨川営業所☎04・7092・1234、鴨川タクシー☎04・7092・1216、鋸南タクシー☎0470・55・0239、酪農のさと☎0470・46・8181

■2万5000分ノ1地形図
鴨川・金束

24

人と自然が織りなす景観を訪ねる

大山千枚田・二ツ山②

おおやませんまいだ
ふたつやま　376m

日帰り

歩行時間＝3時間55分
歩行距離＝11・4km

技術度
体力度

コース定数＝17	
標高差＝319m	
累積標高差	↗617m ↘637m

↑水の張られた大山千枚田に青空が映える

←頑固山からの二ツ山山頂

大山千枚田は、山間部の傾斜地を開墾した棚田で、米づくりにかけた先人の苦労が偲ばれる景観である。大山千枚田保存会では、棚田の保存を推進しながら、都市と農村の交流を活発にするため、棚田のオーナー制度を採り入れ、多彩な事業を展開している。ここでは大山不動尊と高蔵《たかくら》神社を祀る長《なが》狭《さ》大山を訪ね、大山千枚田から二ツ山を登るコースを紹介する。

スタートは長狭郷の**大山橋バス停**。大山橋で加茂《かも》川を渡り、正面に大山を望みながら歩きはじめる。大山の集落に入ると右にまっすぐに参道の古い石段が上がっている。道路を進まず、この階段を登る。道路を横断してさらに参道の急な階段を登り仁王門をくぐるとまもなく大山《おおやま》不《ふ》動尊《どうそん》の境内だ。本堂と鐘撞堂が形よく配置されている。さらに不動尊裏手の石段を登ると石尊様とよばれる高蔵神社が祀られている**大山**山頂に登り着く。木々の間から長狭丘陵や嶺岡《みねおか》の山々が手にとるように見える。

眺望を楽しんだら大山千枚田に向かう。下り気味の車道を道なり

■鉄道・バス
往路＝JR安房鴨川駅または金谷フェリーターミナルから日東交通バスの長狭・金谷線で大山橋バス停下車。所要時間鴨川駅から30分、金谷フェリーターミナルから35分。JR浜金谷駅から金谷フェリーターミナルまでは徒歩。
復路＝御園橋バス停から往路と同様のバス路線を使う。

■マイカー
富津館山道路鋸南保田ICから長狭街道へ。大山不動尊、棚田倶楽部に駐車場がある。

■登山適期
四季折々の自然が楽しめるが、田植えのころや稲が黄金色に色づく秋が、大山千枚田のいちばん活気づく季節。ツツジの咲くころもよい。

■アドバイス
▽大山千枚田は農林水産省の「日本の棚田100選」に選ばれ、東京から近い棚田として、多くの人に親しまれている。
▽二ツ山へは車道を通らず、頑固山の分岐の少し先から左へ入り、すぐ左に登る道を行けば北峰。直進して尾根の鞍部に出て、右に登れば南峰にいたる。ただし、整備されたルートではないので、経験者の同行が必要。
▽太田代分岐から御園橋バス停までは22嶺岡馬ノ背の項を、また、東星

に進む。釜沼《かまぬま》からくる道路に出たら左折して、まもなく大山千枚田保存会の拠点施設、**棚田倶楽部**に着く。南東の斜面に375枚の田んぼが広がっている。

大山千枚田をあとにして、駐車場脇の車道を南へ登っていこう。大里《おおり》の集落を通り、大田代《おおたじろ》へ向かう道は、のんびりとした里歩きが楽しめる。**大田代分岐**から右へ車道をさらに高みへと進む。右の土手上に句碑と石仏が祀られている。この少し先が頑固山《がんこやま》の分岐で、右に入り尾根を登る。30分ほどで往復できるので眺望を楽しんでもよい。

二ツ山へはさらに進んで嶺岡《みねおか》中央林道まで登る。ここから東に200㍍も行くと、左手の林の中が**二ツ山**の南峰だ。広々と刈り払われた376㍍の頂上からは、西側の眺望がすばらしい。

二ツ山からは嶺岡中央林道を東星田《とぼしだ》や愛宕山《あたごやま》方面に進んでもよいが、ここではいったん先の大田代分岐まで戻る。**分岐**を東へ大田代集落方面に進めば、多目的農場「鴨川自然王国」への分岐や**元名**《もとな》の鉱泉、いさきの池方面である。嶺岡丘陵の山腹を巻くようにして長狭街道の**御園橋**《みそのばし》**バス停**に向かう。

（植草勝久）

CHECK POINT

1 加茂川を渡る大山橋。その先の鳥居の上に不動尊を抱いた長狭大山が見えている

2 山門をくぐり急な階段を登ると大山不動尊の境内。高蔵神社へはさらに奥の階段を登る

3 踏跡をたどって細い尾根を進むと頑固山の山頂。すぐうしろに二ツ山のまるい頂が望める

4 開けた二ツ山山頂からは富山、伊予ヶ岳、鋸山、津森山などが望める。頑固山はすぐ下だ

田方面については㉓愛宕山・二ツ山①の項を参照のこと。

■問合せ先
鴨川市商工観光課☎04・7093・7837、日東交通鴨川営業所☎04・7092・1234、棚田倶楽部☎04・7099・9050、鋸南タクシー☎0470・55・0239

■2万5000分ノ1地形図
金束

25

高宕山① 八良塚

展望に恵まれた露岩の多い遊歩道を歩く

たかごやま 330m
はちろうづか 342m

日帰り

歩行時間＝5時間55分
歩行距離＝11・6km

技術度
体力度

コース定数	＝22
標高差	＝247m
累積標高差	上り 730m / 下り 730m

清和県民の森から八良塚方面を望む

巨岩の下に祀られる高宕観音を訪ねる

八良塚は高宕山の東約1キロに位置するピークで、高宕山より標高が高いにもかかわらず、人気の面では、眺望の優れた高宕山に譲っている。しかし、桧や杉、シダ植物に覆われた山頂には捨てがたい魅力がある。高宕山への登・下山コースに加えれば、いっそう充実した山行になるだろう。

ＪＲ木更津《きさらづ》駅西口から急行バスに乗り、**宿原《しゅくばら》バス停**で下車。進行方向右手に大きな鳥居とうっそうとした鎮守の森が見える。大山祇《おおやまづみ》命を祀る三島《みしま》神社である。神社を出て西に向かうとすぐに三島湖方面からくる道に出合う。左に折れ大きく山裾へと回りこんでいくと怒田沢《ぬたざわ》の集落だ。

遊歩道の案内看板に導かれて、**三差路**を右の林道高宕線に入る。2つ目のトンネル左側が**八良塚登山口**で、遊歩道がはじまる。

尾根道を進み、やがて左手が開けてくると**森林監視所への分岐**である。八良塚へは大きく左に折れて尾根上を登る。いよいよ八良塚への急登がはじまるが、初夏にはイワタバコの可憐な花が見られる道だ。うっすらと背中に汗を感じるころ、ベンチの置かれた**展望台**に着く。一服していこう。

再び樹林帯を登り、「金吊《きんつるし》」と彫られた瓦の標識を見て尾根を進む。

■鉄道・バス
往路・復路＝ＪＲ内房線木更津駅西口から日東交通バス亀田病院行きで宿原バス停下車。所要時間57分。また、君津市コミュニティバスを乗り継いで行くこともできるが、あまり便はよくない。

■マイカー
車を林道高宕線の2つ目のトンネル付近に置けば、高宕山を回って出発点に戻ることができる。

■登山適期
清和県民の森の遊歩道を歩くので、夏のシーズンも快適。特にキヨスミミツバツツジの咲く春やイワタバコの咲く初夏に訪ねたい。

■アドバイス
▽高宕山へのルートは数多いので、26 27のコースと組み合せて歩いてもよい。
▽八良塚コース、大滝コースともに急峻な尾根で崖地が多いので、慎重に歩きたい。ただし、両コースとも2022年4月現在、台風被害のため進入禁止となっている。
▽高宕観音は本コースから少しだけはずれているが、ぜひ訪ねてみたい。岩をくり抜いてつくられたお堂は一見の価値がある。

■問合せ先
清和県民の森管理事務所☎0439・38・2222、日東交通鴨川営業所☎04・7092・1234、君津

尾根を回りこむあたりから、いろいろな植物やシダ類が豊富になってくる。ジグザグの登りが直線に変わると、ほんの少しで**八良塚**山頂に到着する。

山頂は樹林に覆われて眺望はきかない。小さな石の祠を左に見て、南に向かってしばらく下る。清和県民の森や三郡山《みごおりやま》、安房高山《あわたかやま》方面が望めるところに出る。さらに階段状の道を下ると、奥畑《おくはた》から高宕山を結ぶ関東ふれあいに道の出合である**八良塚（奥畑）分岐**に着く。

高宕山へは右に向かうが、道はよく整備されていて快適に歩ける。**三郡山への分岐**や**志組《しくみ》への分岐**を経て、**高宕山山頂直下分岐**の広場から左に折れ、**高宕山**に立つ。

下山コースの大滝コースへは、**山頂直下分岐**に戻り、左へ進む。樹林帯を抜け、展望のよい尾根を下る。林道に出るとすぐ左下が**大滝**だ。少し進んで右折すると、往路にたどった林道高宕線に入る。

林道のトンネルを5つくぐると往路の**登山口**だ。田園風景を楽しみながら**宿原バス停**に戻ろう。

（植草勝久）

市コミュニティバス☎0439・56・1566

■2万5000分ノ1地形図
鬼泪山・坂畑

高宕山山頂から東京湾と富士山を眺望する

CHECK POINT

宿原バス停から歩きはじめ、右手の森が三島神社。祭礼には棒術と羯鼓舞が奉納される

林道高宕線に入り、2つ目のトンネルの左側が登山口。遊歩道がはじまる

急登を繰り返して登った八良塚山頂は樹林の中に標識だけが立っている。展望はきかない

高宕山の山頂には石の祠と天水を受ける鉄釜がある。雨乞い祈願をする山であることがわかる

大滝への下りは崖地が多いので慎重に下りたい。この尾根からの北や東方向の眺望はとてもよい

「高宕大滝コース」の入口に下り立つ。大滝はこのすぐ下である。林道高宕線の分岐へは左へ200㍍

清和中バス停
78m
東日笠
175
釜場
清和中
山村風景が美しい
植畑上郷
71
73
木更津からの急行バスが停まる
東日笠バス停
二入
93
175
上ノ台
西日笠
106
二入
穴原
465
辻森
谷間の林道
175
新道
休所
三島ダム
梅ノ木台
三島湖バス停
大岩
三島小
90
98
172
君津市
正木
三島湖
208
宿原バス停
95m
下村
三島神社
140
森林監視所分岐
八良塚登山口
怒田沢
怒田沢三差路
青年館
三島大橋
90
林道高宕線
トンネルの左手を登る
奥米隧道
189
203
長倉台
大滝
179
八良塚コース
帰路は林道を歩く
旅名
奥米
高宕山山頂直下分岐
大滝コース
展望台
ベンチがある。鹿野山方面の見晴らしよい
金帛
関東ふれあいの道に合流する
下村
奥米台
高宕山
330
Goal
105m
109
下の台バス停
216
豊英ダム
清和県民の森
奥米台隧道
倉沢
志組分岐
259
342
八良塚
上の台バス停
奥畑
149
郡界尾根分岐
八良塚分岐（奥畑分岐）
関東ふれあいの道
奥畑バス停
寂光不動
151
豊英湖
157
木和田
138
木和田橋
「高宕山」と書かれた小ピーク
指導標あり
農産物販売所がある
271
三間隧道
214
273
222
148
三郡山、ロマンの森へ
鴨川へ
木更津へ
木更津東ICへ
98
219
201
410
房総スカイライン
183
242
218

N
0
500m
1:35,000
本村
諸崩
152
182
95
苗割
166
151
田倉
132
136
エンゼルカントリークラブ
164
49
465
新田
140
芹
238
法木
144
123
台倉
平田
上総湊へ
高宕川
144
トンネル手前が
高宕山の登山口
27-2
高宕第一トンネル
42
高溝
字藤原
38
69
石射太郎
231
240
0.25
0.15
56
27-3
大田和
高宕山、八良塚の
展望がよい
富津市
126
森林監視
関尻へ
新緑や紅葉時に
静かな山歩きが
楽しめる
37
1.10
207
歩きやすい道が
続く
大田和
大塚山
199
84
100
204
27-4
石段を登る
トンネル
小畑
221
26-7
132
221
0.15
神徳
御代原
88
48
高宕山のサル生息地
26-4
0.25
166
林道終点
廻田沢橋
青柳橋
1.10
関豊バス停
61m
Start
高宕山自然動物園
26-1
志組林道
26-2
指導標あり
志組
100
181
214
豊岡橋
豊岡
小倉
鴨川へ

26

高宕山へ西側からアプローチする玄人好みのルート

高宕山② 志組林道

たかごやま　330m
しくみりんどう

日帰り

歩行時間＝5時間5分
歩行距離＝10・3km

技術度
体力度

コース定数	＝**21**
標高差	＝269m
累積標高差	↗680m ↘636m

高宕山からの展望は「ちば眺望百景」にも選ばれている

展望地にはベンチがあり休憩に最適

　深い森と東京湾越しの富士山を眺められる展望が人気の高宕山だが、志組林道の終点から山中に入る本コースは、歩く人も比較的少なく、通好みといえる。前半は単調な林道歩きからはじまるが、いったん山に入れば、急登と狭い尾根道の通過に終始緊張感があり、距離的には短いが、充実したアプローチとなるだろう。

　志組林道へはJR内房《うちぼう》線の上総《かずさ》湊《みなと》駅からバスを利用。**関豊《せきとよ》バス停**で下車し、高宕山自然動物園の案内にしたがって林道に入っていく。これが志組林道で、終点まで約1時間10分ほど歩く。林道歩きを避ける場合、林道終点または途中の路肩などに若干数の車を駐車することはできる。

　高宕山自然動物園は有料の施設だが、時間に余裕があれば立ち寄ってニホンザルを観察してみるのも楽しい。自然動物園を通りすぎたら、集落に向けて林道を上がっていく。民家の脇に咲く季節の花々を楽しみながら歩いていくと、やがて集落が終わる。

　廻田沢《まわしだざわ》橋をすぎると砂利道に変わる。この後、橋を2つ渡り、房総《ぼうそう》の水の豊かさを感じられる風景に出会う。このあたりは水資源の森として保全されている。

　急な下りをすぎると、やっと林道歩きが終わる。**林道終点**左手奥の急な取付を上がっていこう。すぐに狭い尾根道となる。小ピークをすぎると突然**展望が開ける**。ぐ

■**鉄道・バス**
往路＝JR内房線上総湊駅から戸面原ダム行きバスで関豊バス停下車。復路＝下の台バス停から急行バスで木更津駅へ。

■**マイカー**
館山自動車道富津中央ICから国道127号を館山方面へ、国道465号、県道88号を経由して志組林道へ。駐車スペースは林道終点や林道路肩に停める程度で駐車場はない。

■**登山適期**
新緑のシーズンと秋から初冬の時期がおすすめ。

■**アドバイス**
▽関東ふれあいの道で奥畑までは27高宕山③石射太郎を参照。
▽関豊までのバス便は午前中に1本。
▽途中にトイレはない。
▽林道から先のコースはすべりやすいので靴は登山用のものを装備したい。
▽高宕山自然動物園は餌付けしたサルが飼育されている動物園。サルを近くで見ることができる。
▽国道を410号沿いのロマンの森共和国に立ち寄り湯「白壁の湯」（☎0439・38・2211）がある。

■**問合せ先**
富津市商工観光課☎0439・80・1291、日東交通富津営業所☎0439・87・5400、清和県民の森管理事務所☎0439・38・22

るりと見わたすことができて、これから向かう高宕山方面がよく見える。小さなベンチもあるので、展望を楽しみながら小休止していこう。

これより先、狭い尾根道のアップダウンはまだまだ続く。露岩と木の根の張り出しが多く、すべりやすい。充分に注意して歩きたい。尾根道を忠実にたどるコースなので、迷う心配は少ないが、「高宕山」と書かれた小ピークは注意が必要だ。ルートは左手に下っていく。一見ピークの奥に道が続いているようにも見えるが、少し先にロープで行き止まりの印がある。

尾根道から右に山腹を横切るようになってきたら、ほどなく**志組分岐**で関東ふれあいの道に合流する。高宕山へは左手にUターンするように曲がる。沢地を越えると高宕山、高宕山観音、高宕大滝へと分かれる**高宕山山頂直下分岐**に出る。左手に折れ、山頂を目指そう。ロープのある岩場を越え、2つ目のはしごを登りきったところが**高宕山**山頂だ。

帰路は同じルートを**志組林道の分岐**まで戻り、そのまま関東ふれあいの道を進んで、**八良塚**《はちろうづか》**分岐**、**奥畑バス停**を経て**下の台バス停**へ。

（田口裕子）

高宕山はニホンザルの生息地として登録されている

22、君津市経済振興課☎0439・56・1581、日東交通鴨川営業所☎04・7092・1234、君津タクシー湊営業所☎0439・52・0030。

■2万5000分ノ1地形図
鬼泪山・坂畑

CHECK POINT

1 バス停から林道に入るとすぐに高宕山自然動物園がある

2 廻田沢橋、青柳橋と橋を渡り、ひたすら林道を歩く

3 志組林道の終点。ここから登山道に入る。出だしはかなりの急登だ

4 展望地では正面に高宕観音方面がよく見える

5 「高宕山」と書かれた小さなピーク。道は大きく左に折れる

6 関東ふれあいの道に合流したらUターンするように左へ

7 山頂直下分岐に到着。高宕観音へは直進、高宕山山頂へは左に上がっていく

8 山頂標識は岩場の上にある。展望は抜群

＊コース図は80～81ページを参照。

27

房総丘陵の核心部を縦走する展望コース

高宕山③ 石射太郎

たかごやま 330m
いしいたろう 240m

日帰り

歩行時間＝5時間25分
歩行距離＝11.0km

技術度
体力度

コース定数	＝21
標高差	＝252m
累積標高差	↗805m ↘778m

標高240㍍でも開放感ある石射太郎

石射太郎と高宕山を結ぶ縦走コースは、房総《ぼうそう》半島の山深い雰囲気を堪能できる。千葉県の山の中では歩きごたえのある長めのルートがとれて、しかも眺望は抜群。高宕観音や岩をくり抜いたトンネルなど見どころもたくさんあって、実におもしろいルートである。ニホンザルが生息する地域なので、動物との出会いがあるかもしれない。杉や桧などの針葉樹の森と、カエデやクヌギ、コナラなどの落葉樹の緑濃い森が広がり、新緑や紅葉の季節にぜひ訪れてみたい。

木更津《きさらづ》駅から亀田《かめだ》病院行きの急行バスに乗り**清和中《せいわちゅう》バス停**で下車。国道を南へ進み、じきに右手に分岐する道に入る。またはひとつ先の東日笠《ひがしひかさ》バス停で下車し、少し戻って西《にし》日笠方面に進んでもよい。こちらの方が近い。

蛇行する小糸《こいと》川を渡り、**植畑上《うえはたかみ》郷《ごう》**から関東ふれあいの道を歩く。のどかな山村風景を見ながら50分ほど歩くと、トンネルが見えてくる。**高宕第一トンネル**手前が石射太郎への登山口だ。近くには駐車スペースもある。

階段を上がって登山道に進もう。杉林とシダに覆われた道を上

巨岩の下に建つ源頼朝の伝説にまつわる高宕観音

高宕観音の先にある石のトンネルはなんとも不思議な雰囲気

■鉄道・バス

往路＝JR内房線木更津駅から急行バス亀田病院行きで清和中バス停または東日笠バス停下車。

復路＝下の台バス停から急行バスで木更津駅へ戻る。

■マイカー

館山自動車道君津ICから県道92号、国道410号経由で清和県民の森方面へ。駐車スペースは石射太郎の登山口、高宕第一トンネル付近と国道410号奥畑バス停付近にある。

■登山適期

4～6月の新緑のシーズンと11～12月の紅葉の時期がおすすめ。

■アドバイス

▽途中にトイレや水場はない。

▽急行バスを利用する際は、コンビニエンスストアや商店が近くにないので、食糧と水はあらかじめ用意しておくこと。

▽高宕山のニホンザルは昭和31年に天然記念物に指定されている。

▽奥畑から国道を南下すればロマンの森共和国に立ち寄り湯「白壁の湯」（☎0439・38・2211）がある。ここからも木更津駅に戻れる。

▽下山は高宕山から大滝を経由して高宕林道を戻れば石射太郎の登山口に出る。近年はマイカーでアクセスし周回するこのルートが人気だ。

■問合せ先

清和県民の森管理事務所☎0439

※2019年の台風被害により、2022年4月現在大滝コースは通行止め。

がっていくと、やがて稜線に出る。東側が切れ落ち、すばらしい眺望が広がっている。ここが**石射太郎**だ。これから進む高宕山や八良塚《はちろうづか》が見わたせ、気分も盛り上がってくる。

眺望を楽しんだら、尾根道を先に進もう。しばらく明るい広葉樹の森の中の尾根歩きが続く。高宕観音下まではアップダウンも少なく、道に迷う心配もない。杉林に入ると高宕観音は近い。狛犬と仁王像をすぎ、石段を上がっていくと赤い屋根の観音堂に到着する。ここからの眺めもいい。しばらく休憩してから高宕山の山頂を目指すことにしよう。

観音堂の先は岩場になっていて、岩を丸くくり抜いたトンネルをくぐって先に進む。このトンネルくぐりは、まさにここまで歩いて来なければ味わえない、房総丘陵の隠れた名所といえるだろう。**高宕山山頂直下分岐**を右に入り、急坂を上がると岩に突き当たる。この岩上が**高宕山**の山頂だ。

下山は**分岐**に戻り、奥畑《おくはた》方面へ進む。樹林帯の中の道を進み、平坦地に出ると**八良塚との分岐**がある。時間と体力に余裕があれば八良塚を往復して（詳細は㉕高宕山①八良塚を参照）もいいが、ここでは分岐を見送り、歩きやすい遊歩道を下っていく。国道に出るとコミュニティバスの**奥畑バス停**がある。バス停の向かい側は駐車スペースになっている。

・38・2222、君津市経済振興課☎0439・56・1581、日東交通鴨川営業所☎04・7092・1234。

■2万5000分ノ1地形図
鬼泪山・坂畑

木更津行きのバスに乗るには国道を豊英《とよふさ》ダム方面へ約20分の**下**《しも》**の台**《だい》**バス停**へ向かう。（田口裕子）

CHECK POINT

①のどかな田園風景を見ながら、登山口を目指す

②石射太郎への登山口。階段を上がって山中へ進む

③ベンチのある石射太郎の山頂。かつては石の切り出し場であった

④高宕観音直下の階段。狛犬と仁王像が迎えてくれる

⑤高宕山に到着。展望は抜群。房総丘陵の山並みを見ながら小休止

⑥片側の切れ落ちた狭い登山道を歩く。手すりがあるので安心

⑦舗装路に出たところ。下の台バス停まであと2.2㌔の案内表示

⑧奥畑のバス停に出たら、国道を下の台バス停まで歩いていく

＊コース図は80～81ページを参照。

28 鋸山① 裏鋸コース

裏鋸から1等三角点を訪ねる

のこぎりやま 329m（1等三角点）
うらのこぎり

日帰り

歩行時間＝4時間
歩行距離＝8・7km

技術度 ■■□□□
体力度 ■□□□□

コース定数	＝18
標高差	＝320m
累積標高差	↗ 789m ↘ 789m

新緑に峨々とした岩壁を見せる鋸山北面

東京湾や金谷《かなや》方面から望む鋸山は、峨々とした山容で、多くの観光客に親しまれている。しかし、この山頂の展望台のにぎやかさに比べて、静かで落ち着いた本当の山頂が別にあることはあまり知られていない。このコースは関東ふれあいの道の「東京湾を望む道」として整備されて以来、鋸山の自然と眺望が楽しめる人気の遊歩道となっている。

JR内房線保田《ほた》駅から、線路に沿って金谷方面に向かう。前方に鋸山の稜線がくっきりと見える。山上の白い建物はロープウェイの山上駅である。右にガードをくぐり、鋸山遊歩道を左折する。300《メートル》ほど進むと、鋸山ダムや採石場への道に出合う。右折して住宅地をクランク状に曲がると、再び

■鉄道・バス
往路＝JR内房線保田駅から徒歩。神奈川県方面からは東京湾フェリーで金谷港へ。浜金谷駅からひと駅で保田駅。
帰路＝JR内房線浜金谷駅から乗車。東京湾フェリーターミナルへは徒歩10分。

■マイカー
富津館山道路富津金谷ICまたは鋸南保田ICから国道127号へ。

■登山適期
スイセンや新緑の冬から春がベストシーズン。また山頂付近の岩壁のモミジが紅葉する11月下旬～12月初旬ごろも見逃せない。

■アドバイス
▽このコースは「関東ふれあいの道」の「東京湾を望む道」として指定され、JR保田駅から浜金谷駅までの8・4キロが整備されている。
▽石切り場跡への下りは、階段や手すりなどが整備されているが、傾斜がきついので注意が必要である。
▽関東ふれあいの道は石切り場跡から観月台を経由するコースだが、車力道でも浜金谷に下山できる。
▽表鋸山コースへの案内は、29鋸山・観月台コース、30鋸山・車力道コースを参照のこと。
▽山慣れた人なら、三角点から東の肩まで戻り、沢コースを使って浜金谷へ下山することができる。急峻な

※2022年4月現在、沢コースは台風被害のため通行止め。

関東ふれあいの道から望む東京湾の風景

自然林の中の東の肩で休憩

沢コースの素掘りのトンネル

のどかな田園風景が展開する。やがて**富津館山《ふっつたてやま》道路**の高架をくぐる。

さらに鋸山ダムを右手に見ながら進み、大規模な採石場跡を左に回りこむ。沢沿いの林道金谷元名《もとな》線はいくつかカーブしながら、しだいに高度を上げていく。採石場の全貌が見わたせるようになると、林道はさらに傾斜を増して、富津市と鋸南町の郡界尾根を越えて金谷方面に下っている。その最高点に登りきったところが、このコースの**林道口**である。左の土手上に林道の完成記念碑がある。

尾根を下るので一般のハイカーにはすすめられない。孝行息子が清水を汲んだという安兵衛井戸や素掘りのトンネルなどを通る変化に富んだコースだ。

■問合せ先
保田駅前観光案内所☎0470・55・1683、館山中央交通タクシー保田営業所☎0470・55・2251、東京湾フェリー金谷支店☎0439・69・2111、鋸山ロープウエイ☎0439・69・2314

■2万5000分ノ1地形図
保田

記念碑の裏手から杉林の中へ入り、尾根上につけられたりっぱな遊歩道を西に向かう。樹林の切れた小ピークからは東京湾の浮島《うきしま》や伊予《いよ》ヶ岳《たけ》、御殿山《ごてんやま》などを望むことができる。

照葉樹林の気持ちのいい尾根道をひと登りすると、ベンチのある**東の肩**に出る。ここは浜金谷《はまかなや》からの沢コースの分岐でもある。一服したら山野草などを楽しみながらもうひと息登ると、329メートル1等三角点の**鋸山**山頂である。

山頂からは千葉テレビの中継アンテナを右に巻き、登り下りを繰

東京湾を望む展望台から金谷フェリーターミナル

り返して進む。コースの右側には採石したあとの岩壁が木々の中に埋もれて見え隠れする。

傾斜が緩くなったころ金谷方面がのぞけるコルに出る。遊歩道は尾根上のコルからいっきに北側の岩壁の中を石切り場跡に下っている。**東京湾を望む展望台**はこのコルのすぐ上である。ここからは銀色に輝く東京湾、条件さえよければ富士山や大島《おおしま》が望める。

先ほどのコルに戻り、北面につくられた急な階段を慎重に下る。手すりがしっかり整備されているので心配はない。左に石切り場跡が見えてくればこの下りも終わる。

石切り場は左手に展開していく。今のような機械がなかった江戸時代に、職人が鋼のつるはしで房州石を切り出し、女たちが麓の金谷港まで力車を使って運び出したとのこと。人間の力の偉大さに頭が下がる思いだ。

石切り場跡の豪快な垂壁に圧倒されながら進んで観月台《かんげつだい》からの登山道に**合流**する。ここから日本寺北口へのコースを左に見送り、**観月台**に向けて下る。　（植草勝久）

CHECK POINT

1

JR保田駅から北へ、正面に鋸山の稜線を見ながら線路沿いを進む。白い建物はロープウェイの山頂駅

2

林道の最高点に登りきったところが林道口。ここから遊歩道を三角点目指して尾根をたどる

3

樹林に囲まれた東の肩で一服。三角点までは、あとひと息。ここは沢コースの分岐でもある

4

1等三角点のある鋸山山頂。関東ふれあいの道の観月台や車力道のコースへはさらに先へ進む

5

石切り場から下るコルのすぐ上が、東京湾を望む展望台。大勢のハイカーでにぎわっている

6

石切り場脇への階段はスリル満点。慎重に下ろう。この先は観月台や車力道コースにつながる

＊コース図は92～93ページを参照。

観月台手前から東京湾と浜金谷港を見る

29

東京湾の大パノラマと切り立った岩壁が魅力

日帰り

鋸山② 観月台コース

のこぎりやま 282m（地獄のぞき）
かんげつだいコース

歩行時間＝2時間40分
歩行距離＝5・5km

技術度 2/5
体力度 1/5

コース定数	＝**11**
標高差	＝275m
累積標高差	↗ 325m ↘ 323m

鋸山は清澄山《きよすみやま》、鹿野山《かのうざん》とともに千葉を代表する山のひとつである。垂直に切り立った岩壁は恐ろしいほどの高度感にあふれ、東京湾に面しているため、三浦《みうら》半島や伊豆《いず》半島、富士山が大パノラマだ。

百尺観音は巨大で、見上げると首が痛くなるほどだ

大気が澄んだ冬は富士山や白峰《しらね》三山がはっきりと眺められる。山頂付近までロープウェイがかけられ、観光地化されてしまっているが、観月台コースには房総《ぼうそう》の自然が豊富に残されている。また、日本寺《にほんじ》には露座の大仏や百尺観音《ひゃくしゃくかんのん》、千《せん》五百羅漢《ごひゃくらかん》など見どころが多い。初夏にはアジサイが咲き、みごとな彩りを添えてくれる。

JR内房線《うちぼう》浜金谷駅《はまかなや》前から関東ふれあいの道の標識に導かれて鋸山に向かう。金谷川を渡り、内房線の下をくぐる。**登山口**には鋸山ハイキングコースの道標が設けられ、樹林の小尾根には石段が整備されている。海岸に近いため、房総の潮の香りが肌で感じられる。コース途中の樹間からは富士山や浜金谷港が見わたせる。

階段の急登が終るとコンクリートの休憩舎が建つ**観月台**に着く。小休止したら正面に鋸歯状の山容を眺めながら、石段をいったん下り、再び登る。コースはよく整備され、迷う心配はない。観月台分岐で関東ふれあいの道を見送り、樹林の密度が濃くなったコースを登り返して桟橋を渡る。岩壁直下に出て、振り返れば浜金谷の町並みや東京湾が眼下に一望できる。

　鋸山の山頂部は日本寺の境内になっているので、北口管理所で拝観料を支払って入る。完成までに6年の歳月を費やした百尺観音が現れる。まっすぐ進むと稜線に出る。右は十州一覧台《じゅっしゅういちらんだい》とロープウェイ山頂駅方面だ。左に整備された石段を進むと、**地獄のぞき**に着く。足もとが切れ落ちた展望台で、恐ろしいほどの高感度が満喫できる。空気が澄んでいる季節には、遠く富士山や三浦半島が眺望できる。また、富山《とみさん》、伊予《いよ》ヶ岳《たけ》など、房総の山々も視界に入ってくる。

　山頂部での眺望を充分に楽しんだら保田《ほた》側に下る。はじめに千五百羅漢が洞窟に安置された光景を拝観しよう。千態万状の尊像は実に興味深い。広々とした参道を進むと、高さ31・5メートルの大仏の前に出る。アジサイが咲く季節はことのほか美しい。

　大仏をあとに、頼朝蘇鉄や心字池、観音堂を見て、表参道をゆっくりと下る。車道に出て、内房線手前の**表参道入口**を左に折れる。内房線に沿ってお花畑を楽しみながら**保田駅**へ向かう。要所に道標が置かれているので迷う心配はないだろう。

（中西俊明）

朝の太陽を浴びて、樹林に囲まれた登山道を観月台目指して登る

地獄のぞきは下から見上げても恐ろしい

■鉄道・バス
往路＝JR内房線浜金谷駅下車。

復路＝JR内房線保田駅を利用。

■マイカー
富津館山道路富津金谷ICから金谷港付近へ。金谷海浜公園の駐車場が利用できる（無料）。

■登山適期
大気が澄んだ晩秋から冬の季節は、東京湾側の大パノラマが感動するほどすばらしく、富士山、三浦半島、東京の高層ビル群などが一望できる。おすすめは10～2月。また、4～6月にかけては萌えるような新緑と鋸山の山容が美しい。

■アドバイス
▽JR内房線浜金谷駅から観月台、車力道コース上部、鋸山三角点を経て内房線保田駅までのコースが関東ふれあいの道「東京湾を望む道」と

保田海岸には6月にハマヒルガオが咲き、鋸歯状の鋸山（右奥）が眺められる

CHECK POINT

1 浜金谷駅が鋸山登山の起点になる

2 中央の階段が観月台コースの登山口

3 観月台手前から富士山と浜金谷港を見る

4 晩秋の日差しを浴びて平坦な道をたどる

5 地獄のぞきはスリル満点だ

6 田園風景が広がる道を保田駅に向かう

して整備された。ここで紹介するコースは観月台道分岐まではこの関東ふれあいの道を登る。山頂付近まで鋸山ロープウェイがかけられているので、日本寺の境内に入ると、観光客の姿が目立ってくる。

▽地獄のぞきなど、鋸山山頂周辺は日本寺の境内のため、北口管理所で拝観料を支払って入ること。

▽日本寺は1300年前に開かれた名刹である。百尺観音や千五百羅漢、大仏など見るべきポイントは多い。大仏は31・5㍍の高さで、江戸時代の1783年に大野甚五郎英令らにより、3年の年月をかけて彫られたもの。

▽保田漁協直営の食事どころ「ばんや」がおすすめ。朝獲れた新鮮な魚介料理が味わえる。

▽菱川師宣記念館が保田駅から安房勝山方面に20分ほど歩いたところにある。師宣の浮世絵をはじめ、多くの作品が展示されている。

■問合せ先
富津市観光協会☎0439・80・1291、鋸南町まちづくり推進室☎0470・55・1560、保田駅前観光案内所☎0470・55・1683、菱川師宣記念館☎0470・55・4061、ばんや☎0470・55・4844

■2万5000分ノ1地形図
保田

金谷、竹岡へ
116
179
富津市
安兵衛井戸
林道開通記念碑
が立つ
28-2
林道口
228
狭い尾根道
28-3
東の肩
裏鋸コース
0.20
0.15
0.25
0.20
急登する
206
林道金谷元名線
採石場跡
206
1.00
0.50
関東ふれあいの道
白狐川
170
鋸南町
179
36
鋸山ダム
富津館山
道路高架下
222
N
0
500m
1:20,000
本郷上
大帷子上
鋸南町
鋸南保田IC
中原
保健福祉総合センター
すこやか
鋸南富山ICへ
鋸山山頂部拡大図
観月台道合流点
30-4
車力道上部分岐
0.15
鋸山
329
0.10
石切り場跡
0.20
0.15
30-5
28-4
28-6
306
0.30
北口管理所
29-5
山頂展望台
285
百尺観音
282
東京湾を望む展望台
地獄のぞき
0.15
0.10
28-5
30-6
N
0
5km
1:10,000
東京湾を望む展望台／山頂展望台／
地獄のぞきの標高数値はGPS機器に
よる実測値を換算したものです。

木更津駅へ
富津金谷IC
富浦竹岡ICへ
浜金谷港
JR内房線
Start
7m Goal
浜金谷駅
29-1
金谷川
沢コースは台風被害のため
2022年4月現在通行止め
ひかり藻が見られる洞窟
沢コース
金谷海浜公園
P
127
観月台登山道口
30-1
車力道入口
30-2
0.10
29-2
0.15
0.20
樹林に囲まれた苔むした道を登る
132
車力道コース
29-3
観月台
0.40
0.30
階段状の登り。
浜金谷港が見える
観月台コース
106
0.20
0.25
0.15
車力道
30-3
山麓駅
関東ふれあいの道
29-4
正面に鋸山が見える
急な階段を下る
0.15
0.20
観月台道合流点
30-4
車力道上部分岐
鋸山ロープウェイ
0.25
0.20
鋸山
329
スリルに満ちた展望台
28-6
0.30
北口管理所
29-5
石切り場跡
28-4
百尺観音
東京湾を望む展望台
28-5
千葉テレビ中継所
不動岩
十州一覧台
262
地獄のぞき
30-6
山頂駅
西口管理所
千五百羅漢道
30-5
74
大仏
WC
鋸山トンネル
東口管理所
富津館山道路
日本寺
日本寺境内は歩道が整備されている。
明鐘岬
仁王門
鋸山トンネル
90
日本寺参道
1.00
表参道入口
ツブネ島
お花畑をのんびり歩く
25
29-6
元名平島
元名
0.20
0.30
東京湾
26
二間島
ガードをくぐる
28-1
保田駅
9m Start
本郷浜
館山へ
館山駅へ

30

垂直の岩壁と眼下に広がる東京湾の眺望が魅力

鋸山③ 車力道コース

日帰り

のこぎりやま　306m（東京湾を望む展望台）
しゃりきどう

歩行時間＝2時間45分
歩行距離＝6・4km

技術度
体力度

コース定数	=12
標高差	=299m
累積標高差	↗ 485m　↘ 483m

石切り場跡に近づくと垂直に切り立った岩壁が大迫力

鋸山は鋸山三角点からの裏《うら》鋸山コース、浜金谷《はまかなや》方面からの観月台《かんげつだい》コース、保田《ほた》方面からの表参道《おもてさんどう》コースがよく知られている。最近では、鋸山の房州石《ぼうしゅうせき》を運搬した道が登山コースとして整備された。それが車力道コースで、房州石を運んだ痕跡をたどり、垂直の石切場跡と、東京湾を望む展望台からの眺望を楽しむことができ、観月台コースとは異なった鋸山の魅力を味わえる。

JR内房線浜金谷駅から道標にしたがって登山口に向かう。内房線をくぐった先までは観月台コースと同様である。車力道へは、**観月台道登山口**で道標にしたがってY字路の車道を左に行く。少し進むとひかり藻が見られる洞窟がある。高速道路をくぐった先から、鋸山の山名の由来になった鋸歯状の山容が一望できる。その先が車力道入口で、東京湾を望む展望台まで50分の行程だ。

車力道は山頂付近で切り出した房州石を木の荷車でブレーキをかけながら山麓まで運搬した道である。ツツジの咲く地点から登山道に入り、杉林から苔むした岩の間を登りはじめる。現在でも荷車のブレーキの痕跡が残っている。

車力道上部分岐を左に折れ、岩場を削った急な石段を手すり伝いに登れば**東京湾を望む展望台**だ。

■鉄道・バス
往路＝JR内房線浜金谷駅下車。
復路＝JR内房線保田駅を利用。

■マイカー
津館山道路富津金谷ICから金谷港付近へ。金谷海浜公園の駐車場が利用できる（無料）。

■登山適期
4月から6月にかけては、萌えるような新緑と、石切り場跡の切り立った岩壁がすばらしい。大気が澄んだ10月から冬の季節は東京湾側の大パノラマと、富士山、三浦半島、東京の高層ビルやスカイツリーなどが一望できる。

■アドバイス
▽最近整備されたコースで、道標がつけられているので迷うことはない。観月台コースよりも変化に富んだコースといえる。
▽日本寺北口手前で観月台コースに合流する。山頂付近まで鋸山ロープウェイがかけられているので、日本寺の境内に入っていくと、観光客の姿が目立つ。
▽鋸山山頂周辺は日本寺の境内のため、北口管理所で拝観料を支払って入ること。

■問合せ先
富津市観光協会☎0439・80・1291、鋸南町まちづくり推進室☎0470・55・1560、保田駅前観光案内所☎0470・55・168

東京湾、三浦《みうら》半島、富士山、白峰《しらね》三山の大パノラマが広がる。

　展望を楽しんだら滑落に注意して先ほどの**分岐点**まで戻る。日本《にほん》寺《じ》方面に進み、石切り場跡の分岐を左に入る。平坦地は切り出した岩の保管場所跡で、絶好の休憩地になっている。石切り場跡の核心部で、垂直の岩壁や深い洞穴など、見どころが多い。さらに石段を登れば、鹿野山《かのうざん》と浜金谷方面が見わたせる石切り場の展望台に着く。

　石切り場跡から日本寺に向かうと**観月台からの登山道に合流**する。鉄の桟橋を渡れば垂直の岩壁直下に出て、日本寺北口へ進む。

　北口で拝観料を支払って日本寺境内に入ろう。百尺観音《ひゃくしゃくかんのん》を見て、稜線をたどれば**地獄のぞき**に到着する。この地点から東京湾や伊豆《いず》半島の大パノラマを楽しむことにしよう。

　あとは前項と同様、**保田駅**に下山する。　（中西俊明）

3、ばんや☎0470・55・4844
■2万5000分ノ1地形図
保田

東京湾を望む展望台から保田海岸を望む

CHECK POINT

1 高速道路沿いに登山口に向かう

2 登山口には鋸山の案内板が設けられている

3 石を運んだ痕跡を楽しみながら登る

4 東京湾を望む展望台は分岐を左に折れる

5 手すり伝いに急な階段を一歩一歩登る

6 東京湾を望む展望台は大パノラマが広がる

＊コース図は92～93ジペーを参照。

黒光りする梨沢不動滝

31

梨沢・七ツ釜渓谷

なしざわ ななつがまけいこく

滝や淵のある本格的な渓谷歩きを楽しむ

日帰り

45〜215m

歩行時間＝4時間40分
歩行距離＝8・0km

技術度

体力度

コース定数＝16	
標高差＝170m	
累積標高差	↗480m ↘480m

鋸山《のこぎりやま》の東方およそ5キロにある保田見《ぼてみ》付近を源頭とする梨沢は、内房《うちぼう》の上総湊《かずさみなと》で東京湾に注ぐ湊《みなと》川の支流、相《あい》川の源流である。滝や淵が連続し、房総《ぼうそう》では珍しく本格的な沢登りが体験できる。

アユ釣りなどで知られる相川沿いを進み、相《あい》の沢《さわ》集落の梨沢区公民館の先が**梨沢橋**だ。橋を渡ると「名勝梨沢渓谷」の手づくりの看板が迎えてくれる。

整備された車道を左へ鹿原《しっぱら》方面に向かう。勾配のあるアスファルト舗装の車道をそのまま進む。300メートルほど坂道を上がり、**郷蔵《ごうくら》入口**から右へ下る道路に入る。郷蔵神社の前を通り、かつての郷蔵への道と合流する。素堀りのトンネルをくぐり、道なりにいちばん奥の民家を左に回りこむ。突き当たりが**梨沢の河原**である。ここで沢登りの身支度を整えよう。

しばらく清流を右へ左へと楽しみながら徒渉していくと、突然両岸がせばまり、正面にいく条かの流水をかけた**梨沢不動《ふどう》滝**が黒光りして現れる。形のよい美しい滝だ。

朝日の差しこむ渓流で憩う

■鉄道・バス

往路・復路＝JR内房線上総湊駅が最寄り駅。駅からのバスの便はないので、タクシーの利用が便利。駅から徒歩の場合は約1時間30分。

■マイカー

館山自動車道の富津中央ICから国道127号へ、さらに県道465号に入り神田橋で湊川を渡って相川方面へ。許可を得て梨沢区公民館の一角に駐車させてもらうことができる。

■登山適期

沢水の温む新緑のころと、秋から晩秋にかけてが好期。ただし、イワタバコの花を見るには初夏がよい。

■アドバイス

▽房総の沢登りといっても、安易に入ってはいけない。沢登りの経験者の同行が必要である。わらじや渓流タビも用意しよう。

▽沢筋は台風や豪雨などにより常に変化しており、遡行時間や難易度に大きな差が出るので留意すること。

▽保田見峠からは、市井原や釜ノ台から小保田や梨沢橋へ出ることもできる。

■問合せ先

富津市商工観光課☎0439・80・1291、天羽合同タクシー☎0439・66・0131

■2万5000分ノ1地形図

鬼泪山・金束

一見直登が困難なように見えるが、滝の右岸にステップが刻まれていて、比較的容易に落口に立てる。水しぶきに濡れながらの登攀は、実にダイナミックである。

　大滝を登り終えたら、ひと息入れていこう。これからも沢歩きが長く続く。短調な沢床歩きがあるかと思うと、急に両岸が迫り、深い釜や淵をもった滝が水しぶきをあげている。ルート探しが難しいが、水中に手ごろなステップを見つけることもある。無事に通過できた時の充実感は格別である。

　ただ、残念なのはこの谷で最も緊張感を必要とした**七《なな》ツ釜《がま》**は大量の土砂や流木で埋められ、かつてのスリル感と景観は期待できなくなってしまった。

　やがて谷は顕著な**二俣**となり、右にルートをとる。水量も少なくなり、単調な沢の中の歩行が続く。正面に堰堤が現れるので、**堰堤**の手前右手の急峻な尾根に取り付く。木やロープにつかまりながら、およそ10分も登ると小さな**大日如来**が祀られている尾根の頭に出る。

　この尾根のすぐ下に登山道があり、三浦三良山《みうらさぶろうやま》や保田見峠は左へ、**梨沢橋**へは右へ自然林の尾根を行く。コース概要は33三浦三良山を参照のこと。

（植草勝久）

差しこむ光線を受けながら核心部を行く

CHECK POINT

1 スタート地点の梨沢橋。手づくりの案内看板が梨沢へと案内してくれる

2 最奥の民家の裏を抜け、梨沢の河原に下りると、最初は静かな沢歩きが続く

3 不動滝の右岸にあるステップを慎重に登る。思いのほか快適に登れる

4 堰堤の手前で沢の遡行は終わり、右の急な尾根を登る。尾根の頭には大日如来と石碑が祀られている

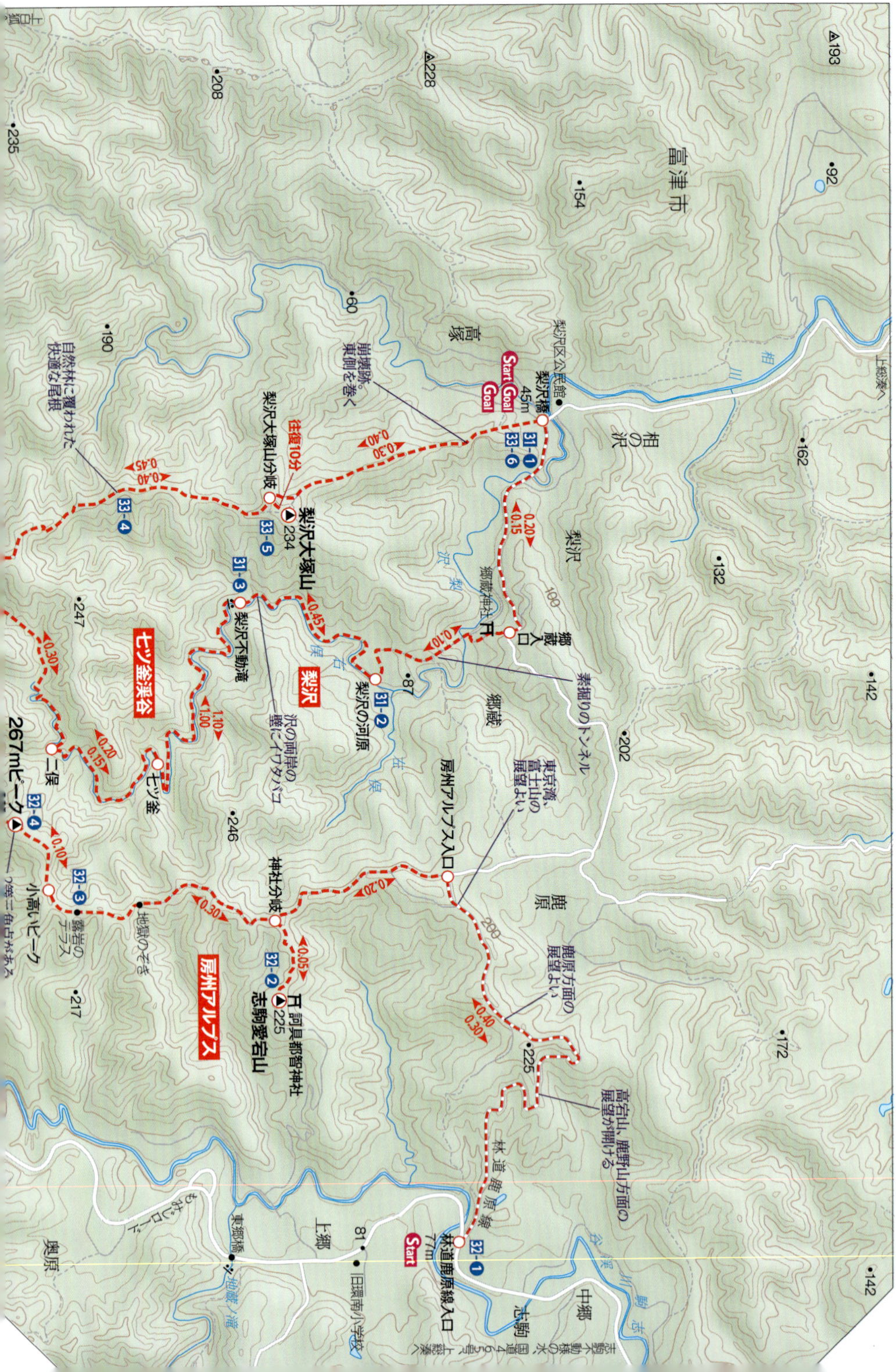

富津市
梨沢区公民館
Start Goal
梨沢橋
45m
31-1
33-6
高塚
崩壊跡東側を巻く
0.40
0.30
往復10分
梨沢大塚山分岐
梨沢大塚山
234
33-5
0.45
0.40
33-4
自然林に覆われた快適な尾根
相の沢
梨沢
0.20
0.15
郷蔵神社
郷蔵入口
0.10
素掘りのトンネル
31-3
梨沢不動滝
沢の両岸の壁にイワタバコ
梨沢
梨沢の河原
31-2
郷蔵
東京湾、富士山の展望よい
房州アルプス入口
鹿原
鹿原方面の展望よい
ヒツ釜渓谷
0.30
1.10
1.00
0.20
0.15
ヒツ釜
二俣
267mピーク
32-4
0.10
32-3
小高いピーク
露岩のテラス
地獄のぞき
0.30
神社分岐
0.20
0.05
32-2
訶具都智神社
志駒愛宕山
225
房州アルプス
0.40
0.30
富山、鹿野山方面の展望が開ける
林道鹿原線
林道鹿原線入口
77m
32-1
Start
上郷
中郷
志駒
東郷橋
旧環南小学校
奥原
もみじロード
地蔵ノ滝
志駒不動様の水
国道465号へ・上総湊へ
上総湊へ
相川
志駒川

1:25,000
500m
スイセンピーク
嵯峨山
三浦三良山
スイセンピーク登り口
農道分岐
農道から樹林帯へ入る
釜ノ台農道
のどかな山村風景が広がる
郡界尾根に出て分岐を右に登っていく
スイセン畑
スイセンとミカン畑が続く
下貫沢出合
スイセンのシーズンには簡易トイレが設置される
小保田バス停
指導標にしたがい川に沿って登る
北郷
日向畑
向根
市井原
鋸南町
市井原バス停
山に突き当たり、右折
瀬高
大きく左に回りこむ
赤い屋根の民家
富山や大島が望める
東京湾を望む
保田見峠
大日如来の石仏
棚田が広がる
案内標識
急な尾根を登る
七ツ釜渓谷から上がった尾根の頭。小さな大日如来が祀られる
内台入口
ミカン畑、スイセン
横根分岐
石祠のピーク
マテバシイの純林
林道保田見線
横根地区コミュニティセンター
タルミ橋バス停
三角点
林道
ピークを巻く
湯沢バス停
長狭街道
横根
横根峠
中山バス停
山中区公民館
日吉神社
林道中山線
Aコース
Bコース
山中
上畑
顕徳寺
住吉神社
水ノ台
大崩
Start
Goal

32

房州アルプス

眺望を楽しみスイセン畑を訪ねる縦走コース

ぼうしゅうあるぷす
267m（2等三角点ピーク）

日帰り

歩行時間＝3時間45分
歩行距離＝8・9km

技術度
体力度

コース定数＝**16**
標高差＝190m
累積標高差 610m 609m

←秋色の山肌の向こうに御殿山を望む（内台より）

←横根の谷にはスイセンの香りがただよう

誰が名づけたか、大それた名前をつけたものだ。しかし、鎌倉《かまくら》アルプスや沼津《ぬまづ》アルプスがあって、ハイカーに親しまれているように、千葉県にも「アルプス」があってよいだろう。稜線から東京湾越しに見る展望は、日本アルプスに負けない一級品である。

「もみじロード」とよばれる志駒《しこま》川沿いを南下し、名水として知られる下郷《しもごう》の志駒不動様の水に着く。水場から2キロほど先の**林道鹿原《しっぱら》線入口**がこのコースの出発点となる。最初は単調な林道歩きだが、登るにつれて眺望がよくなり、あきることはない。北西の鹿原集落の奥に、富士山が見える。

林道を登りきり、しばらく進んで道が直角に曲がるところが**房州アルプスの入口**である。尾根上の広いなだらかな道を南に進む。やがて、左からよく整備された道が**出合う**。左に5分ほど行けば225メートルの**志駒愛宕山《しこまあたごやま》**に訶具都智《かぐつち》神社がある。時間に余裕があればぜひ立ち寄ってみたい。

分岐から先は、いくつかの小さなピークを右に見ながら進む。や

マテバシイの純林を進む

■鉄道・バス
往路＝登山口のある志駒川方面へはバスの便がないので、JR内房線上総湊駅からタクシーを利用するとよい。
復路＝長狭街道のタルミ橋バス停から鋸南町営の循環バス赤バスでJR内房線保田駅に出られる。

■マイカー
館山自動車道路富津中央ICから国道127号に出て上総湊から県道465号へ。押切から県道182号を南下して志駒方面へ。

■登山適期
志駒川沿いの県道は、もみじロードとよんでいるほど、モミジの紅葉が

がて尾根の東側がスッパリと切れている地獄のぞきや露岩のテラスが出てくる。一服して景観を楽しもう。

尾根は**小高いピーク**を巻いて大きく西に曲がる。シイなどの原生林に覆われるようになって、再び南へのびていく。ほんのわずかコースから離れているが、267㍍の**2等三角点ピーク**に立ち寄りたい。このピークには「無実山」の標識が立てられている。

七曲りを下り、尾根東面の山腹を横切るように進む。やがてマテバシイの純林を抜けると民家の前を通り、林道保田見《ぼてみ》線に出る。ここが**内台**《ないだい》**入口**だ。ここから200㍍ほど右へ進み、左の尾根に入るのが横根《よこね》集落へのルートである。尾根上の踏跡を忠実に進む。

小さな石祠のあるピークを左に下り、右にスイセン畑を見ながら鞍部に達する。スイセンが斜面いっぱいに広がり感激することだろう。鞍部からは右に山腹を横切って進み、188㍍の4等三角点方面を目指す。三角点を巻き、左に下ると**林道**に下り立つ。

ここを右に下りていくと**横根地区コミュニティセンター**の前に出る。長狭《ながさ》街道の**タルミ橋バス停**まではわずかな距離だ。

（植草勝久）

CHECK POINT

1

「もみじロード」の愛称がある県道から林道鹿原線に入る。登るにつれて展望もしだいに開けていく

2

地元の人々にたいせつに守られている志駒愛宕山の訶具都智神社。分岐からぜひ往復してみよう

3

尾根の東面が深く落ちている露岩のテラス。上部は明るく開けているので、休憩して眺望を楽しめる

4

歩道からはずれた尾根上にある267㍍の2等三角点は樹林に囲まれ展望はきかない

5

明るく開けた内台のスイセンとミカン畑を抜けて、いったん林道保田見線へ

6

樹林の中の道から林道に下り立ち、スイセン畑を望む。横根の集落へはあとひと息である

すばらしい。富士山などの眺望は、秋から冬にかけて、空気が凛と澄んだ時期がよい。スイセンを見るなら1月中旬ごろ。

■アドバイス

▽コースの案内は裏手から訶具都智神社にアプローチすることになっているが、志駒上郷の旧環南小学校の右手から直接神社へ登ってもよい。

▽内台入口からは、林道保田見線を下りて、山中区公民館を経由してスタート地点に戻ることができる。また、同じく林道を右に進み、市井原への案内標識から長狭街道へ下りることもできる。33三浦三良山の項を参照のこと。

▽横根分岐から横根コミュニティセンターまでは、山慣れた人の同行が必要。初心者は前項のコースを歩くことをすすめる。

▽横根分岐から先、地形図上に右下に下りるルートがあるが、これには入らないこと。

▽小さな祠のあるピークから鞍部までは獣除けの電線がある。線の右側には入らないように気をつけたい。

■問合せ先

富津市商工観光課☎0439・80・1291、天羽合同タクシー☎0439・66・0131、保田駅前観光案内所☎0470・55・1683

■2万5000分ノ1地形図

鬼泪山・金束

＊コース図は98〜99ページを参照。

33 スイセンの里から、鎌倉街道をたどる

三浦三良山《みうらさぶろうやま》 281m

日帰り

歩行時間＝2時間25分
歩行距離＝5・3km

技術度

体力度

コース定数	＝9
標高差	＝221m
累積標高差	330m / 345m

頼朝桜の咲く市井原の谷（左奥は嵯峨山）

三浦三良山は、昔、安房《あわ》から上総《かずさ》の木更津《きさらづ》への鎌倉《かまくら》街道の要所であり、鎌倉幕府の重鎮三浦氏の伝説の残る山という。ここではスイセンの咲く鋸南《きょなん》町の市井原《いちいばら》から保田見《ぼてみ》峠を経由して三浦三良山にいたり、さらに梨沢大塚山《なしざわおおつかやま》を経て湊《みなと》川の支流相《あい》川の梨沢橋へいたるコースを紹介しよう。

釜ノ台方面から望む三浦三良山

長狭《ながさ》街道沿いの**市井原バス停**から谷沿いを北上し瀬高《せだか》集落方面を目指す。明るく開けたのどかな里道である。前方左手には嵯峨山《さがやま》も望める。

道が山に突き当たる地点で右折して高度を上げながら進み、さらに大きく左に回りこむと、瀬高の人家が見え隠れする。嵯峨山への小さな標識に導かれて、右の急坂の道に入る。少し荒れているが、谷全体が望める高台に着く。

赤い屋根の民家の裏を回りこむように進むと、やがて道は明瞭になり、うっそうとした原生林の中を登る。傾斜が緩むとまもなく林道保田見線に出る。

林道を左に500㍍も進むと東京湾方面が望める**保田見峠**だ。釜《かま》ノ台《だい》や嵯峨山方面へは林道をそのまま下りていくが、三浦三良山へはY字路を右に進む。

■鉄道・バス
往路＝JR内房線保田駅から町営の循環バス青バスで市井原バス停下車。所要時間15分。
復路＝JR内房線上総湊駅が最寄り駅。下山場所の梨沢橋から駅へのバス便はないので、タクシーを利用するか、徒歩の場合約1時間30分。

■マイカー
富津館山道路鋸南保田ICから長狭街道を鴨川方面へ約4㌔。

■登山適期
下草のない晩秋から新緑の5月ごろまで。市井原のスイセンが咲く時期は12月半ばすぎから2月初旬まで。

■アドバイス
▽保田見峠から釜ノ台を経由して嵯峨山へ。また、七ツ釜渓谷を遡行後、梨沢橋または市井原へ下るルートとして活用できる。
▽七ツ釜渓谷から上がった尾根の頭は、三浦三良山入口の少し先を斜め右手に上がった高みである。

■問合せ先
鋸南町まちづくり推進室☎0470・55・1560、保田駅前観光案内所☎0470・55・1683、富津市商工観光課☎0439・80・1291、天羽合同タクシー☎0439・66・0131

■2万5000分ノ1地形図
鬼泪山・金束

最奥の瀬高付近のスイセン畑

道は小型トラックが通れるほどの道幅があるが、急に狭くなる。少し進んだところからテープに導かれて左手の高みに登ると、雑木囲まれた平坦な広場に出る。ここが**三浦三良山**山頂である。今はなにもない森閑としたこの地が、かつては鎌倉街道の要衝であったことを思い浮かべてみたいものだ。

尾根はたおやかに梨沢橋に向けて下っている。自然林に覆われた尾根の左右は深い谷になり、深山幽谷を感じさせ、この尾根の最も魅力的なところを通過する。

たんたんと下っていくと杉林の中に案内標識があり、右にわずかに登ると、静かなたたずまいの**梨沢大塚山**の山頂である。何の変哲もない樹林の中の山頂だが、大日如来をはじめ、数基の浅間石祠が並んでいる。地元の人々はここを「浅間様」とよんでいるようだ。

案内看板まで戻ってしばらく進むと、かつて尾根の東側が大崩壊したところに出る。今ではだいぶ踏跡もできているが、慎重に通過したい。

最後の急な粘土質の道を下ると、民家の屋根の脇を通り、田んぼの畔に出る。アスファルト道路に出て、右に行くと**梨沢橋**だ。

（植草勝久）

CHECK POINT

1

市井原バス停から北へまっすぐに舗装道路を進む。谷にはスイセンや菜の花などが咲き誇っている

2

尾根の末端に石仏。その奥の赤い屋根の民家を回りこんだ先から尾根を登る

3

三浦三良山へはテープに導かれて高みへ。樹木に下げられた木札が山頂であることを知らせている

4

三浦三良山から北へのびる自然林に覆われた尾根を梨沢橋に向かって下る。

5

梨沢大塚山へは分岐から約5分の登り。山頂には石祠が点在している。「浅間様」とよばれている

6

粘土質のすべりやすい下りから解放されて、田んぼの畔に出る。ゴールの梨沢橋はすぐ先だ

＊コース図は98〜99ページを参照。

34

スイセンの芳香漂う素朴な山里を訪ねる

嵯峨山・スイセンピーク

さがやま　315m
すいせんぴーく　300m

日帰り

歩行時間＝2時間50分
歩行距離＝6・6km

技術度

体力度

コース定数＝**12**

標高差＝285m

累積標高差　450m　450m

下貫沢出合付近の斜面にはスイセンが一面に咲く

冬でも暖かい鋸南《きょなん》町保田《ほた》周辺では江戸時代からスイセンが生産され、「元名《もとな》水仙」とよばれて、江戸に運ばれていた。12月下旬から2月上旬にかけて、山里には芳香漂うスイセンが咲く。ここでは嵯峨山に登る前に、下貫《しもぬき》沢出合から左に入った地点でスイセンを楽しむコースを紹介する。

JR内房《うちぼう》線保田駅前から町営循環の青バスに乗り、10分強で**小保《こぼ》田《た》バス停**に着く。町営循環バスは運行本数が少ないので、待ち時間が長い時はタクシーを利用した方がよいだろう。

バス停の先を左に折れ、分岐は下貫沢に沿って舗装された細い道を進む。要所に小さな標識があるので、迷う心配はない。

点在する民家の間を抜け出た地点が**下貫沢出合**で、簡易トイレが置かれている。前方には照葉樹の稜線が眺められ、ひときわ高い地点が嵯峨山で、左の肩がスイセンピークだ。素朴な低山の光景は心がなごむ。

下貫沢出合から左に、傾斜がきつくなった道を登り、突き当たりを右に進むと、**スイセン畑**の上に出る。密度濃く咲くスイセンは感動するほどみごとだ。

一面に咲くスイセンを楽しんだら、**下貫沢出合**まで戻り、嵯峨山を目指そう。懐かしい低山風景が広がる細い道を緩く登る。小さな流れを渡って、スイセン畑の脇を歩く。このあたり、2008年ごろまではスイセンが密度濃く咲いていて、水仙の里にふさわしい光景が広がっていた。

傾斜が増した山道をジグザグに登る。尾根に出た地点に**スイセンピークへの登り口**がある。樹林帯の急斜面が続き、ロープが張られているが、雨あがりなど足もとが

■鉄道・バス
往路・復路＝JR内房線保田駅から町営循環バスに乗り、小保田バス停で下車する。

■マイカー
富津館山道路鋸南保田ICを出てすぐの保健福祉総合センターすこやかの駐車場が利用できる（92㌻地図参照）。

■登山適期
晩秋から春がよい。特にスイセンの咲く1～2月には大勢のハイカーが訪れる。3～4月の桜の時期もよい。

■アドバイス
▽入下山口の小保田バス停へはJR内房線保田駅から町営バスで11分。ただしバスの便が少ないので、タクシーを利用を考えてもよいだろう。
▽正月用スイセンの出荷時期の12月は農家に迷惑をかけるので入山は差し控えたい。
▽水仙畑への立入りはしないこと。道脇のスイセンを摘むのも厳禁。
▽小さい道標が多いので見落とさないこと。
▽郡界尾根のスイセンピーク登り口を左に入り、鋸山方面へ向かう道は荒れており、途中に採石場もあるので、不用意に入らない方がよい。
▽時間があれば、見返り美人の切手で知られる菱川師宣記念館を見学したり、漁業組合の直営店「ばんや」で食事をとるとよい。

■問合せ先

下貫沢出合からスイセン咲くお花畑越しにスイセンピークを望む

濡れているとすべりやすい。

　露岩が目立つ稜線を進むと、南斜面が開けた**スイセンピーク**に着く。明るく開けた南斜面にはスイセンが咲き、奥には東京湾や房総の山々が眺められる。しばらく休んでいこう。

　スイセンピークから樹林に囲まれた道を下って登り返せば**嵯峨山**に着く。樹林に囲まれ展望はないが、少し先に展望地がある。

　山頂から北西にのびる小尾根に進み、右側の山腹を下る。民家の脇を通っていくと**釜《かま》ノ台《だい》農道**だ。

　道路を左に上白狐《かみびゃっこ》方面に向かい、道標に導かれて雑木林をひと登りすれば、往路で通った**スイセンピークの登り口**に戻る。**小保田バス停**までは逆光で輝くスイセンを見ながら、往路を下る。

（中西俊明）


鋸南町まちづくり推進室☎0470・55・1560、菱川師宣記念館☎0470・55・4061、保田駅前観光案内所☎0470・55・1683、館山中央交通タクシー保田営業所☎0470・55・2251
■2万5000分ノ1地形図
金束・保田

CHECK POINT

1

モダンなつくりの小保田バス停

2

下貫沢出合では正面にスイセンピークが望める

3

スイセンピークへの登り口。急な登りがはじまる

4

スイセンピークは保田方面が開ける

5

嵯峨山は樹林に囲まれ展望はない

6

林道では道標にしたがいスイセンピークの登り口方面へ

＊コース図は98～99㌻を参照。

35

花香と大群落に誘われて房総の山里を訪ねる

スイセンロード周遊

すいせんろーど
4～133m

日帰り

歩行時間＝2時間30分
歩行距離＝10・0㎞

技術度

体力度

コース定数＝9	
標高差＝129m	
累積標高差	↗ 251m ↘ 246m

スイセンが一面に咲く江月スイセンロード

鋸南《きょなん》町の保田《ほた》は、越前《えちぜん》、淡路《あわじ》と並んで、スイセンの日本三大産地として知られている。1月中旬になると、保田周辺の山麓には芳香漂うほどにスイセンが咲き乱れる。特に江月《えづき》スイセンロードは保田周辺でも道路沿いに花が咲くところとして有名だ。最近では安房勝山《あわかつやま》駅から天寧寺《てんねいじ》、地蔵堂《じぞうどう》、江月下を経て保田に抜けるハイキングコースに人気がある。コースはこみ入っているが、道標が設けられているので迷う心配はない。

JR内房線安房勝山駅を出て、佐久間《さくま》川沿いに進み、和見《わみ》橋を渡る。最初のポイントである**天寧寺**は、古刹にふさわしい山門と、境内にある樹齢600年と伝えられる柏槇《びゃくしん》が存在感を見せている。この柏槇は県内有数の巨木で、県指定天然記念物になっている。

高速道路の鋸南富山《とみやま》ICの下をくぐって進むと、道は素朴な山里へ入っていく。緩い斜面の畑の道がしばらく続き、菜の花やスイセンの花が目立ってくる。赤伏《あかぶし》の集落

■鉄道・バス
往路＝JR内房線安房勝山駅下車。
復路＝JR内房線保田駅を利用。
■マイカー
保健福祉総合センターすこやかに駐車して町内循環の赤バスで安房勝山駅に行くか、スイセンロード入口の赤伏まで利用することもできる。
■登山適期
スイセンが山里の南斜面に咲く1月から2月にかけてがスイセンロードを歩くベストシーズン。スイセンの最盛期は例年1月中旬～下旬。7～9月は暑いのでおすすめできない。
■アドバイス
▽かつてJR東日本が「鋸南水仙の

スイセンロード周辺には里山の田園風景も見られる

CHECK POINT

1 安房勝山駅からスイセンロードに向かう

2 天寧寺の境内に入るとりっぱな本堂がある

3 赤伏のスイセン畑越しに津辺野山方面を見る

4 スイセンが咲く農道を江月見返り峠を目指してのんびり歩く

5 江月見返り峠から保田方面に出た地点

6 地蔵堂の先がスイセンがもっとも美しいところ

7 スイセン広場は絶好の休憩地

8 スイセンを見たら車に注意して保田駅に向かう

スイセン広場の先にスイセンの群落

に入ると道がわかりにくいので、道標に忠実に。スイセンのお花畑越しには、冬枯れの低山と山村を一望しながら冬の暖かい日差しを浴びてのんびり歩ける。

　ハイキングコースが緩い尾根を越える地点が江月見返《みかえ》り峠とよばれる地点で、振り返ると、安房勝山方面と東京湾が眺められる。舗装された道を下れば、斜面の畑にスイセンが咲いている。**地蔵堂**から右の道に入ると、スイセンの密度は濃くなり、1月中旬から下旬にかけて、谷間の南斜面はスイセンで埋めつくされてしまう。

　コースはスイセンの咲く斜面を

里ハイキング」イベントを実施していて、その道標が残っている。

▽安房勝山駅から天寧寺を経て、見返り峠までの間は、ハイカーや観光客が少なくのんびりと歩ける。スイセン畑越しに懐かしい房総の山里が一望できる。

▽コースはほとんど平坦なので、子供連れのファミリーや年配者でも安心して楽しめる。保田側は江月スイセンロードとよばれ、スイセンが咲く時期は訪れる人が多く、のんびりできない。車にも要注意だ。

▽保田漁協直営の食事どころ「ばんや」がおすすめ。朝獲れた新鮮な魚介で、すし、煮付け、てんぷらなどを食べることができる。保田駅から送迎バスも運行されている。

▽菱川師宣記念館が保田駅から安房勝山方面に20分ほど歩いたところにあり、多くの作品が展示されている。道の駅も隣接していて、駐車場や休憩施設も整備されている。

■問合せ先

安房勝山駅前観光案内所☎0470・55・0115、鋸南町まちづくり推進室☎0470・55・1560、保田駅前観光案内所☎0470・55・1683、菱川師宣記念館☎0470・55・4061、ばんや☎0470・55・4844

■2万5000分ノ1地形図

保田

横切って歩く。この付近が江月スイセンロードの中心部で、多くの人でにぎわっている。江月の地名は源頼朝に献上した名馬「池月」がなまった地名と伝えられている。高台の**スイセン広場**は格好の休憩所になっていて、お土産なども売られている。あとは道路脇の斜面に咲くスイセンを楽しみながら**保田駅**までのんびりと歩いていこう。

（中西俊明）

スイセンが早く咲くと紅葉との競演も楽しめる

36

里山に咲くスイセンと海を望むコース

とみやま水仙遊歩道

とみやますいせんゆうほどう

20〜140m

日帰り

歩行時間＝1時間10分

歩行距離＝3・4㎞

技術度

体力度

コース定数＝**5**

標高差＝120m

累積標高差 135m 135m

日当たりがよい斜面にはスイセンが一面に咲いている

あずまやがある展望地から岩井海岸を望む

冬でも温暖な気候の鋸南《きょなん》町や南《みなみ》房総《ぼうそう》市では里山の南斜面を利用したスイセン栽培が盛んである。鋸南町のスイセンはよく知られているが、『南総里見八犬伝』の舞台になった富山《とみさん》周辺も、冬になると斜面や畦道はスイセンが咲き、芳香が漂う。ここで紹介するとみやま水仙遊歩道は、富山の北西に位置し、道の駅「富楽里《ふらり》とみやま」から1キロ足らずの距離にある。富山と鴨川《かもがわ》を結ぶ県道に沿った南斜面に広がり、遊歩道に入ると房総の里山風景が満載で、静かなスイセンめぐりが楽しめる。

出発前に**道の駅「富楽里とみやま」**の2階案内所でハイキング地図を入手して出発しよう。富山と鴨川を結ぶ県道89号は車が多いので、必ず歩道を進むこと。富津館山《ふっつたてやま》道路の下をくぐると、さっそく、歩道沿いにスイセンが咲いていて、この先が楽しみだ。

のどかな田園風景を見ながら遊歩道入口を目指す。20分ほどで**とみやま水仙遊歩道入口**に着く。前方に伊予《いよ》ヶ岳《たけ》の岩峰が視界に入り、山肌の落葉樹の幹が冬の日差しで輝いている。獣避けの柵を開け、スイセンが群生する核心部に入る。梅の木が点在する林床は一面スイセンで埋めつくされ、満開の時期はスイセンの芳香が漂う。

　林道に出ると、スイセンが咲く斜面を高いところから眺められる。この付近のスイセンは密度が濃く、しかも自然な状態で咲いているので、心がいやされる。週末はハイカーでにぎわうが、週末を避ければ実に静かでのんびりと歩ける。

　林道を進むとスイセン畑が次々に現れ、ミツバチの巣箱も見ることができる。冬の木立は落葉しているので、暖かな日差しを浴びながら、低山の魅力を肌で感じられるだろう。

　お稲荷様の先で、左に下山路を見送り、右前方の**展望地**に向かう。春には桜が咲き、あずまやから岩井《いわい》海岸が見わたせ、東京湾が冬の日差しで輝く光景を眺めながら休憩できる。眼下には、出発点の道の駅「富楽里とみやま」が左前方に小さく見える。

　先ほどの分岐から南に下ると、細い遊歩道の両側にスイセンが点在して咲いている。しばらく傾斜がきつい下りが続く。雨の時はすべらないようにしよう。竹林の間を抜け、**下山口**の県道89号に出ればフィナーレの**道の駅「富楽里とみやま」**まで500メートルほどである。

（中西俊明）

展望地から下山口に向かう遊歩道脇にはスイセンが咲く

CHECK POINT

1 道の駅「富楽里とみやま」からスタートする

2 車道沿いにスイセン遊歩道の入口がある

3 スイセンが咲く斜面を登ると林道に着く

4 冬の日差しを浴び、歩きやすい道をたどる

5 春には桜が美しい展望地は東京湾が望める

6 展望地をあとにスイセンが咲く雑木林の道を下る

■鉄道・バス

往路・復路＝JR内房線岩井駅から「富楽里とみやま」まで徒歩25分。または、東京駅八重洲南口、バスタ新宿から館山・安房白浜方面行きの「房総なのはな号」に乗り、1時間23分ほどで「ハイウェイオアシス富楽里」へ。利用する際は専用の予約サイトから予約する。電話での予約はでき

ない（JRバス関東高速バス案内センター☎03・3844・1950、JRバス関東館山支店☎0470・22・6511）。

■マイカー
「とみやま水仙遊歩道」は道の駅「富楽里とみやま」の駐車場（無料）を利用できる。食事施設、トイレなどがあるので便利。

■登山適期
スイセンが咲く1月～2月中旬がおすすめ。特に1月中旬～下旬に見ごろを迎える。晩秋と桜の季節も訪れてみよう。

■アドバイス
▽アップダウンが少なく、行程も短いので、ファミリーハイクに最適である。
▽遊歩道入口まで県道沿いを歩くので車に注意すること。
▽遊歩道内はトイレがないため、道の駅「富楽里とみやま」で。
▽スイセンの開花状況を問合せてから計画をしよう。
▽道の駅「富楽里とみやま」で朝どれの新鮮な野菜や花を購入できる。

■問合せ先
道の駅「富楽里とみやま」☎0470・57・2601、南房総市観光プロモーション課☎0470・33・1091

■2万5000分ノ1地形図
保田

37

スイセンや桜を楽しみ里山をめぐる

津森山・人骨山

つもりやま　336m
ひとほねやま　292m

日帰り

歩行時間＝3時間35分
歩行距離＝9・5㎞

技術度
体力度

コース定数＝**15**
標高差＝192m
累積標高差　510m　510m

人骨山から望む津森山

↑桜咲く佐久間ダム

←スイセンの咲く大崩から富山を望む

鋸南《きょなん》町の大崩《をくづれ》水仙郷とその南の佐久間《さくま》ダム湖周辺はスイセンをはじめ、桜や桃の花に彩られた絶好の観光スポットである。ここを拠点に津森山と人骨山をめぐるコースを紹介しよう。

JR内房《うちぼう》線保田《ほた》駅から、町営循環バスの青バスに乗り**大崩バス停**で下車する。あたり一面のスイセンに誰もが感動するだろう。

八雲《やくも》神社を左手に、スイセンに囲まれた道を、わずかに登りながら**大崩峠**を越えて東に進む。水《みず》ノ台《だい》下の**三差路**にりっぱな指導標が立ち、左へ津森山を案内してくれる。

水ノ台に上がり、右の廃屋の方向に登っていくと、やがて尾根上を歩くようになる。のどかな山の中腹を行く林道はしだいに東に向かって進む。津森山直下の民家の前をすぎるとすぐに左手の山道を登る。カヤトの原を通り、10分も登れば**津森山**である。

山頂には木花開耶姫命《このはなさくやひめのみこと》など3神を祀る石碑が立ち、大きく伐採された北側からは嵯《さ》峨山《がやま》や鹿野山《かのうざん》方面が望まれる。

人骨山方面には先ほどの民家脇の看板まで戻り、左手の法明《ほうみょう》方面に穏やかに下っていく。東面が開け、右手に御嶽大明神の鳥居を見送ると、すぐに**切割**《きりわり》から右手の車道を下りていく。

左手に人家が点在する谷へ向かうのが人骨山への道。やがて人家も途絶え、山道を登るようになる。ハランが栽培されている斜面を登り、尾根に出たら右に折れ、山頂に向かう。直下は急登だが、太いロープが山頂へ導いてくれる。

人骨山の山頂には4等三角点があり、富山《とみさん》や伊予《いよ》ヶ岳《たけ》など安房《あわ》の山々のパノラマが広がる。

下山は先の尾根へ出たところまで戻り、そのまま尾根を150《メートル》

■鉄道・バス
往路・復路＝JR内房線保田駅または安房勝山駅から鋸南町が運行する町営循環バスに乗車。安房勝山駅～保田駅～大崩と時計回りに巡回するのが「青バス」、その反対回りをするのが「赤バス」。所要時間は保田駅から大崩バス停までは20分、佐久間ダムから安房勝山駅までは35分。

ほど登っていくと広い分岐に出る。ここから右に下るとやがて気持ちのいい尾根になる。尾根の末端近くまで下ると、ルートは左へ、すべりやすい急斜面を下り、ジメジメした**湿地**のようなところに下り立つ。尾根を回りこみ、農道をしばらく行くと**アスファルト道**に出る。

ここからは舗装された里道を歩く。エノキの大木がある名残《なごり》峠をすぎ、人家が現れてきた先で右に折れ、佐久間ダムへ。ダム湖にかかる**新長尾《しんながお》橋**を渡り、湖畔の道を行くと県道に出て**佐久間ダム入口のバス停**に着く。

（植草勝久）

CHECK POINT

1 青バスの大崩バス停からは南に富山方面が望める。八雲神社の前を通り大崩峠を越えて東へ進む

2 津森山の山頂には石碑が立ち並ぶ。山頂部は伐採されて南北の眺望に恵まれている

3 尾根の分岐から右に進むと、人骨山山頂直下の太いロープに導かれる

4 名残峠を通り舗装された里道を進み佐久間ダムへ向かう。ダム湖にかかる新長尾橋を渡ればバス停は近い

■マイカー 富津館山道路鋸南保田ICから長狭街道を鴨川方面へ。湯沢から佐久間ダム方面へ右折。大崩、佐久間ダムには駐車場がある。

■登山適期 このコースは、12月下旬から2月中旬にかけて咲くスイセンの花がみごと。また、佐久間ダム周辺は、通年楽しめるが、特に桜の時期がおすすめだ。菜の花、スイセン、梅、桜、桃など、12月下旬から4月まで次々と花を楽しむことができる。

■アドバイス ▽佐久間ダム入口からは、青バスで安房勝山駅に出てもよし、手前の新長尾橋を渡ったところから右へ入り、長尾の集落を通り大崩バス停に戻ってもよい。

▽人骨山には姥捨てや人身御供の伝説があるが、地元では節分に「豆まかぬ里」として「鬼」を大切にする風習がある。

■問合せ先 鋸南町まちづくり推進室☎0470・55・1560、保田駅前観光案内所☎0470・55・1683、安房勝山駅前観光案内所☎0470・55・0115、をくずれ水仙郷案内所☎0470・55・8040、笑楽の湯☎0470・55・8830

■2万5000分ノ1地形図 金束

38 伊予ヶ岳

いよがたけ
336m

房総唯一の岩峰から印象的な富山を眺める

日帰り

歩行時間＝1時間55分
歩行距離＝3.3km

技術度
体力度

コース定数	＝7
標高差	＝275m
累積標高差	280m / 280m

平群天神社付近から見る満開の桜と伊予ヶ岳の岩峰はみごとだ

伊予ヶ岳は房総《ぼうそう》の山では珍しく、鋭い岩峰の頂をもち、「安房《あわ》の妙義山《みょうぎさん》」とよばれている。荒々しい岩峰に立つと、双耳峰の富山《とみさん》がひときわ印象深く眺望できる。眼下には箱庭のように房総の里山が広がり、背後には東京湾が印象的に眺められる。登山口の平群天神《へぐりてんじん》社《しゃ》参道には樹齢1000年とも伝えられる夫婦クスの大木がある。

西側の車道から望む伊予ヶ岳北峰（左）と南峰（右）

JR内房《うちぼう》線岩井《いわい》駅から南房総《みなみぼうそう》市営バスのトミーを利用し、**天神郷《てんじんごう》バス停**で下車する。

旧富山《とみやま》町平群出張所横の大鳥居が伊予ヶ岳の登山口だ。鳥居をくぐると御神木のクスの木がある。手前が女木、奥が男木で樹周が4メートル以上のみごとな大樹だ。平群天神社の背後に伊予ヶ岳の岩峰が顔を見せている。平群天神社は菅原道真公の一代記「平群天神縁起絵巻」が保存されていることで知られている。

天神社の左手の道をたどり、伊予ヶ岳へ向かう。細い山道に入り、梅林がほのかな香りを漂わせるころは、梅の花と伊予ヶ岳の組み合わせが絵を見るように美しい。

シイやクヌギの雑木林から杉林へと緩い山道が続く。富山方面の分岐を左に見送り、杉林の急登をジグザグに登る。尾根の一角に出ると、ベンチが置かれた展望台だ。

■鉄道・バス
往路・復路＝JR内房線岩井駅から南房総市営路線バス（富山線）トミーに乗り天神郷へ。東京方面からは東京駅八重洲南口、バスタ新宿から館山・安房白浜方面行きの「房総なのはな号」に乗り、1時間23分ほどで「ハイウェイオアシス富楽里」に着く。「富楽里とみやま」で南房総市営バスに乗り換え、天神郷に出る。「房総なのはな号」の詳細は36とみやま水仙遊歩道を参照。南房総市営路線バス（トミー）は午前中2便と少ないので事前に調べること。

■マイカー
富津館山道路鋸南富山ICから県道184号、89号で約8キロ、天神社境内に登山者も利用できる駐車場がある。トイレも併設されている。

■登山適期
スイセンが山里に咲き、梅の花がほころぶ1月から、新緑の5月と、大気が澄み遠くまで眺められる秋から初冬（10～12月）までが伊予ヶ岳の登山シーズンである。7月から9月にかけての夏期は暑いだけで登山には適さない。

■アドバイス

CHECK POINT

1 天神郷の登山口から大鳥居をくぐって山頂を目指す

2 樹林に囲まれた急な登りがしばらく続く

3 南峰直下の急斜面はロープを使って登る

4 伊予ヶ岳山頂は切り立った岩場から大パノラマが広がる

ひと息入れて、この先の登りに備えたい。

展望台から岩まじりの急斜面をロープ伝いに慎重に登ると、10分ほどで**伊予ヶ岳南峰**に着く。伊予ヶ岳は南峰と北峰に分かれている。鎖で囲まれた露岩の南峰からは360度の眺望が得られ、双耳峰の富山が箱庭のようだ。

北峰へは、若干道が荒れているが、踏跡はしっかりとついている。**北峰**から見る南峰は、特徴的な鋭い山容をしている。晩秋から冬期にかけては大気が澄んでいるため、336㍍の頂上とは思えない光景が楽しめる。

下山は**南峰**まで戻り、急な岩場を滑落に注意して下ったら、富山方面への分岐を右に入る。雑木林を抜けると伊予ヶ岳の岩峰がひときわ美しい。**車道**に出てスタート地点の**天神郷**に戻る。（中西俊明）

▽岩井駅から天神郷まで南房総市営バス（トミー）は午前中2便ある。バス便がない時にはタクシーを利用するとよい。

▽歩き足りない人は伊予ヶ岳と富山とを結んで計画しよう。安房の名山を1回の山行で効率的に登ることができる。山頂から下山時に富山方面の分岐を右に折れ、山間風景を楽しみながら富山の南峰・北峰鞍部を目指す。要所に道標が置かれている。コース途中からは富山の双耳峰と伊予ヶ岳の鋭い岩峰がすばらしい。富山北峰からの下山は鞍部まで戻り、伏姫ノ籠窟方面に下るとよい。

▽平群天神社は南北朝時代に京都の北野天神を勧請したものといわれ、菅原道真公を祀っている。県指定文化財の「平群天神縁起絵巻」3巻が保管されている。10月下旬には山車が市内を練り出し、煙火が打ち上げられる。

▽温暖な気候を利用した地元の味覚、ビワ狩り、ミカン狩りが楽しめる。

■問合せ先
南房総市観光プロモーション課☎0470・33・1091、南房総市営路線バス☎0470・33・1001、鋸南タクシー☎0470・55・0239

■2万5000分ノ1地形図
金束

39

「八犬伝」発祥の名山に登り、浪漫の里を眺望

富山

とみさん
349m

日帰り

歩行時間＝3時間15分
歩行距離＝9・0km

技術度
体力度

コース定数	＝**15**
標高差	＝329m
累積標高差	↗ 495m　↘ 495m

御殿山から眺める富山。双耳峰が美しく見える

双耳峰が美しい富山は『南総里見八犬伝』ゆかりの山として人気があり、中腹には面影が漂う「伏《ふせ》姫《ひめ》ノ籠窟《ろうくつ》」が残っている。整備された富山北峰からは東京湾をはじめ、鋸山《のこぎりやま》など房総《ぼうそう》の山々の大パノラマが広がる。早春にはスイセンや菜の花が咲き、訪れるハイカーを迎えてくれる。福満寺《ふくまんじ》からのハイキングコースは危険なところがなく、ファミリーハイキングにおすすめのコースだ。JR岩井《いわい》駅を起点に紹介されることが多いが、東京方面から便利な高速バス「房総なのはな号」を利用したコースを紹介しよう。

道の駅「富楽里《ふらり》とみやま」のバス停「**ハイウェイオアシス富楽里**」で下車する。高速道路の下を通り、最初の道を右に折れる。周辺はのどかな山村風景が広がり、**富山《とみやま》中学校**の脇道を抜け、県道を進むと**福満寺の入口**に着く。

山門前を緩く登っていき、一合目をすぎるころから登山道らしくなる。急登が終ると左からの道に

五合目付近には真っ赤なカエデがある

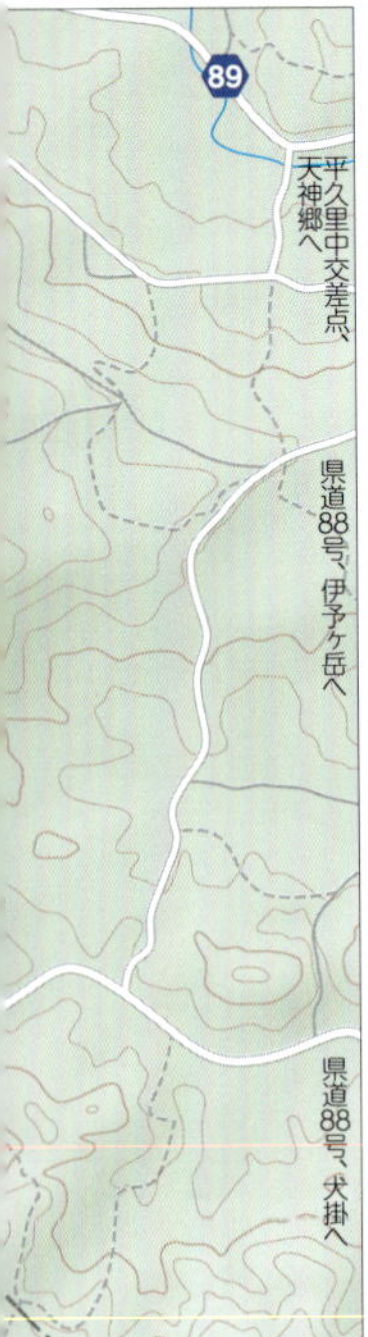

■鉄道・バス
往路＝東京駅八重洲口南口から発車する「房総なのはな号」を利用。詳細は36とみやま水仙遊歩道を参照のこと。
復路＝JR内房線岩井駅を利用。
■マイカー
道の駅「富楽里とみやま」の駐車場（無料）が利用できる。食事施設や特産品の売店、トイレなどが整ってい

CHECK POINT

スイセンが咲く道から富山を目指す

福満寺の山門前から富山を目指す

樹林に囲まれた二合目を登る

階段を登ると観音堂が建つ

富山北峰は広々として展望台がある

門をくぐって伏姫ノ籠窟へ

富山北峰から鋸山と東京湾が一望できる

富山北峰入口に桜が咲く

合流し、緩い山道が続く。1月下旬にはスイセンを見ながら登るので、あきることがないだろう。

三合目の石柱が現れると、晩秋には落ち葉を踏み、冬はスイセン、春は芽吹きと、季節に応じた小さな発見がある。緩く下った鞍部が五合目で、伊予《いよ》ヶ岳《たけ》方面が眺められる。

シイの巨木に囲まれた登山道は急登となり、しばらくの間はがんばりが要求される。要所にベンチが置かれているので、無理をせず、自分のペースで登っていこう。七合目をすぎた先の、海岸が眺められる展望台で小休止しよう。

少し先に進むと東方の展望が開けた仁王門跡前に出る。続いて石段を登ると、**観音堂**が寂しげに建っている。その観音堂の左側の高みが富山南峰で、道はない。

北峰を目指していくと、右から舗装道が合流した地点に休憩舎が建ち、東京湾が望める。さらに北に進むと**富山北峰**に着く。東京湾から大島《おおしま》、富士山など、すばらしい眺望だ。広々とした山頂には展望台が設けられている。

下山は往路を戻り、休憩舎の先で右に細い急な登山道を下る。杉林や竹林を抜けると舗装された車道に出る。合《ごう》戸《ど》ノ堰《つつみ》から伏姫ノ籠窟入口へ向かう。白壁の山門をくぐって5分ほどで**伏姫ノ籠窟**だ。

下山は、籠窟入口に戻り、**富山中学校**の横を通って出発点の**道の駅「富楽里とみやま」**を目指す。

（中西俊明）

るので便利。駐車場はほかに富山中学校南の県道沿いに登山者用の無料駐車場もある。

■登山適期

スイセンが山里に咲く1月から、新緑の5月と、大気が澄み、遠くまで眺められる秋から初冬（10～12月）までが登山シーズン。7～9月の梅雨時や夏期は暑く、登山には適さない。

■アドバイス

▽JR岩井駅を利用する場合は、県道富山丸山線を福満寺まで歩く。所要約40分ほどの行程。

▽富山北峰は展望に恵まれ、昼食に最適の場所である。

▽『南総里見八犬伝』は江戸時代に滝沢馬琴により書かれた長編小説である。安房の国、里見義実の娘、伏姫と飼犬の八房にまつわる不思議な一大スペクタルで、伏姫の死により「仁義礼智忠孝悌信」の8つの玉が八方に散る。それぞれの玉をもって生まれた八犬士が城主・里見氏を守るため、苦難にあっても協力して活躍する物語だ。伏姫ノ籠窟は伏姫と飼犬の八房が住んだと伝えられる籠窟である。

■問合せ先

南房総市観光プロモーション課☎0470・33・1091

■2万5000分ノ1地形図

保田・金束

40

御殿山・大日山①

ツバキのトンネルをくぐり、ヤマトタケルゆかりの山を散策する

日帰り

歩行時間＝4時間20分
歩行距離＝9・5km

ごてんやま 364m
だいにちやま 333m

技術度
体力度

コース定数＝17
標高差＝269m
累積標高差 ↗610m ↘610m

↑早朝の御殿山山頂から、赤く染まる富山と津野辺山、富士山が美しい

←伊予ヶ岳から見る御殿山の稜線

御殿山から大日山の稜線は嶺岡《みねおか》山系に属し、標高300㍍前後の、房総《ぼうそう》では珍しく奥深い山である。「御殿山」の山名は、ヤマトタケルが東征し、安房《あわ》地方を平定したおり、一望できるこの地を根城としたことから、と伝えられている。

JR内房《うちぼう》線岩《いわ》井《い》駅で下車、タクシーで登山口に向かう。バスを利用する場合は、南房総市営バス国保病院前行きを終点まで乗車する。この場合、平群中《へぐりなか》交差点（Y字路）を右に、県道89号を鴨川《かもがわ》方面に向かう。約40分で左

■鉄道・バス
往路・復路＝JR岩井駅からのバスの便が少ないので、事前に確認のこと。駅からのタクシー利用が効率的。

■マイカー
登山口（下山口）に駐車場とトイレが設置されているので、マイカー利用も便利。

■登山適期
特にツバキの咲くころとヤマザクラが花開き、木々がいっせいに芽吹くころがよい。冬の空気が澄んでいる季節は眺望がさらにすばらしい。

■アドバイス
▽途中水場はないので注意。
▽大日山からの下山コースは、41大日山②・坊滝を参照のこと。
▽御殿山登山後に山海料理隠れ屋敷「典膳」（☎0470・46・4137）で食事をするプランを立てるのもよい（要事前予約）。

■問合せ先
南房総市観光プロモーション課☎0470・33・1091、南房総市営路線バス☎0470・33・1001、鋸南タクシー☎0470・55・0239

■2万5000分ノ1地形図
安房古川・金束

CHECK POINT

駐車場付近にある高照禅寺の入口。安全を祈願して登ろう

道路脇の標識。このコースは標識がよく整備されている

登山道にある大黒様。展望もすばらしい

御殿山山頂に祀られる祠。苔むす姿に歴史を感じる

「典膳」の案内板。登山道に食事処の案内があるのも珍しい

宝篋印塔山付近の急坂。団体での登山は会話も弾み、楽しそうである

宝篋印塔山の石塔。日陰の中で静かにたたずんでいる

大日山山頂の大日如来様。春先にはスイセンの花も咲く

に公衆トイレと駐車場のある**高《こう》照《しょう》禅《ぜん》寺《じ》**に到着。ここが登山口だ。

川を渡り、伊予《いよ》ヶ岳《たけ》を眺めながら標識に沿って歩くと「御殿山遊歩道」の大きな看板が出てくる。ここからは整備された歩きやすい道である。桜並木を抜けると**大黒様**を祀った展望のよい地点に出る。

お参りをすませてひと息ついたら、杉林の尾根道を進む。大日如来像の碑が右に現れ、下ると東星《とぼし》田《だ》への分岐（2022年4月現在通行止め）となる。まっすぐ5分ほど行くと再び分岐になり、直登コースと巻道コースに分かれる。直登コースを急登すると**御殿山**山頂に着く。あずまややベンチが置かれ絶好の休憩地である。展望もすばらしく、西に富山《とみさん》、伊予ヶ岳、東に太平洋が望める。南にはこれから向かう鷹取山《たかとりやま》や宝篋印塔山《ほうきょういんとうやま》の稜線が遠望できる。

休憩をすませたら、次の目的地に向かおう。ツバキのトンネルの中の階段を下り、登り返すと**鷹取山**となる。ツバキの茂る山頂からは、大沢《おおさわ》林道から犬掛《いぬかけ》への下山路が右に下っている。ハイキングコースの標識に沿って尾根をまっすぐに進む。後方に御殿山、左に愛《あ》宕山《たごやま》が姿を見せる。少し行くと大きな崩壊地脇の金網から右に富山

近隣の信仰を集める高照禅寺

春先の登山道に落ちたツバキの花。鷹取山付近にはツバキのトンネルがある

や伊予ヶ岳が見える。

林道畑塩井戸《はたしおいど》線が左に見え隠れする中を南西に進む。途中、道は二分するが、**宝篋印塔山**で合流する。マテバシイの下に少し傾いた宝篋印塔が立つ山頂の林を抜けて尾根をたどると、海軍航空機墜落慰霊碑がある。

林の中を下り、登るとすぐに**大日山**の山頂だ。ヤマザクラやスイセンが植栽された明るい山頂で、大日如来石像が祀られている。太平洋から東京湾まで一望でき、富士山を望むこともできる。

ゆっくり展望を楽しんだら、往路を引き返そう。約2時間で登山口の**高照禅寺**に下山できる。

（伊藤哲哉）

41

平久里川上流の滝をめぐり、大日山へ登る

大日山《だいにちやま》② 坊滝《ぼうだき》コース

333m

日帰り

歩行時間＝3時間50分
歩行距離＝10・5km

技術度
体力度

コース定数	＝17
標高差	＝282m
累積標高差	626m / 597m

太平洋の漁場から見て、最も目印になるのが、旧三芳《みよし》村の大日山であるという。平久里《へぐり》川上流の滝をめぐるため、まずは沢山不動《さわやまふどう》の七ツ滝に向かったあと、増間《ますま》の七ツ滝のひとつ、坊滝を訪ね、大日山に登るコースを紹介しよう。

県道富津館山《ふっつたてやま》線の滝田《たきた》郵便局から丸山《まるやま》方面に向かい、**大畑**《おおばたけ》から左へ林道不動前線を進み、長沢《ながさわ》集落から林道長沢線を行くと**沢山不動堂**に着く。昔から「沢山の不動さま」と親しまれ、毎月28日と正月、6月の縁日には、多くの参詣者でにぎわうという。

沢山不動滝や棒《ぼう》滝をめぐり、あずまやから右岸の遊歩道を登り返すと、駐車場広場に出る。

沢山不動の滝を楽しんだら、増間の滝に向かおう。**長沢集落**に戻り、増間下の**湯**《ゆ》**の沢口**《さわぐち》へ出て車道を1・5キロほど進むと、大日山遊歩道の入口となる。公衆トイレと駐車場が整備されている。

坊滝方面は左へ**林道増間線に入る**。林道を歩きはじめてまもなく左手に御神的《おまと》神事で有名な日枝《ひえ》神社がある。その右手には増間ダムが続く。長い林道歩きだが、野草や景色を楽しみながらのんびり歩こう。

林道が右に大きくカーブし、谷が深く

↑増間の七ツ滝の筆頭、坊滝

←大日山山頂からの富士山

■鉄道・バス
往路・復路＝JR内房線館山駅から日東交通バス平群線で滝田郵便局バス停下車。所要時間30分。

■マイカー
富津館山道鋸南富山ICから県道89号で鴨川方面へ。平久里中交差点から県道88号を館山方面へ。大日山遊歩道の入口に駐車場がある。

■登山適期
大日山の山頂に、スイセンや桜の咲くころがよい。増間の七ツ滝は、雨後の水量のある時が豪快な姿を見せる。梅雨や秋の長雨のころがねらい目だ。

■アドバイス
▽沢山不動の下には、不動滝や棒滝などがある。岩間に不動尊の石像が安置されているのは、ここが行者が水行をした証である。
▽日枝神社の御神的神事は毎年3月1日に境内で行われる。稲作などの豊凶を占う歩射の神事で、矢の当たり具合で年間の天候、適種、豊凶を占うもの。
▽増間の七ツ滝は、下流から①前蔵引（まえぞうびき）または水垢離ノ滝、②後蔵引ノ滝、③薬研ノ滝、④狩人ノ滝、⑤乙女ノ滝、⑥乙坊ノ滝、⑦坊滝の順。

■問合せ先
日東交通館山営業所☎0470・22・0111、南房総市観光プロモー

※林道増間線は2019年の台風被害のため、2022年4月現在も通行止め。

なると、右に坊滝下り口の看板がある。**坊滝**は高さ33㍍、新緑や紅葉に映える名瀑だ。

林道を登り返し、すぐ先の太鼓**橋**から大日山遊歩道を進む。340段を超える階段を登り、平坦な道になると、頂上への**分岐**である。左へさらに200㍍ほど、同様の階段登りが続く。**大日山**の山頂には大日如来が祀られている。太平洋から東京湾まで一望でき、広くて気持ちがよい。頂上の東側からは、飛行機墜落慰霊碑や宝篋印塔山《ほうきょういんとうやま》を経て御殿山《ごてんやま》へのコースがのびている。

下りは先ほどの**分岐**まで戻り、左へ県道に向けて下る。整備された遊歩道を下っていくと、最後に急な下りになり、県道富山丸山線の**大日山登山口**に出る。**林道増間線入口**の村営駐車場へは、右へ300㍍ほどである。（植草勝久）

ション課☎0470・33・1091、三芳村道の駅・鄙の里☎0470・36・4116
■2万5000分ノ1地形図
安房古川

CHECK POINT

丸山方面に向かい大畑から左へ林道を進むと沢山不動に出る。かじか橋と不動堂

再び県道に出て東へ進むと、トイレのある駐車場に着く。大日山遊歩道の出発点である

林道増間線に入ってまもなく、左折して進むと杉の大木に覆われた日枝神社の境内に入る

右手に増間ダムを見ながら進み、林道が大きくカーブすると坊滝への下降点は間近だ

太鼓橋を渡り整備された大日山遊歩道の階段を登りきると、山頂直下の分岐となる

階段を登るとしだいに眺望が開ける。大日如来が祀られている山頂からは太平洋と東京湾が望める

42

大展望のいにしえの峠を訪ねる

木ノ根峠・岩婦湖

きのねとうげ　170m
いわぶこ

日帰り

歩行時間＝3時間
歩行距離＝10・6km

技術度
体力度

木ノ根峠からの岩井海岸と浮島の眺望

房総《ぼうそう》に鉄道や道路がなかった時代、木ノ根峠は安房《あわ》と上総《かずさ》を結ぶ要衝であった。長い間埋もれていた峠道だが、近年少しずつ歩かれるようになっている。峠道の魅力はもちろんのこと、高崎《たかさき》公園と合わせ、東京湾に弧を描く岩井《いわい》海岸や浮島《うきしま》、その奥に望む富士山の景観がまことにみごとだからだ。

新緑に桜が霞む、パステルカラーの岩婦湖

岩井駅を出て国道を南下。大橋を渡った先にある高崎公園への案内看板に導かれて住宅地を進む。JR内房《うちぼう》線のガードをくぐり右折。線路の土手下を行くと、**高崎公園の駐車場**に着く。

線路沿いの道をそのまま進み、線路が右下に低くなると、高崎公園への道が左に登っていて、あずまやの建つ展望台に着く。ここには石宮もあり、雨宮社が祀られている。丸太の階段をさらに登ると**高崎公園**の展望地だ。ベンチが置かれていて、岩井海岸をはじめ、東京湾とその上に望める富士山などの眺望を楽しもう。

眺望を楽しんだら再び**駐車場**まで戻り、右の山裾を進んで湯浴堂に寄る。信仰の厚い地元の人々によって、手あつく守られていて、

コース定数	＝18
標高差	＝160m
累積標高差	↗850m ↘850m

■鉄道・バス
往路・復路＝JR内房線岩井駅が起・終点となる。

■マイカー
富津館山道路鋸南富山ICから国道127号に出て岩井駅方面へ。湯浴堂手前に高崎公園駐車場がある。

■登山適期
大気の澄む晩秋から桜の咲く4月中旬まで。冬のよく晴れた日は富士山の眺望が得られる。桜は2月中旬の頼朝桜から楽しめる。

■アドバイス
▽峠から東の方向に少し行くと「冷水ピーク」の看板とベンチがあり、ここからの眺望もよい。

冷水ピークから岩井海岸方面を展望する

▽岩婦湖から先、岩井駅までは、どこを通ってもよいが、できるだけ高いところを通る山裾の道をすすめる。すばらしい展望が得られる
▽橋を渡り竹内の集落に入ったところに、千葉県指定の天然記念物「岩井の蘇鉄」がある。

静かなたたずまいにほっとする。

木ノ根峠へは駐車場から直接南に入る道に出て、右に畑を見ながら進む。少し草が出ているが、峠道の入口には案内標識もある。少々荒れてはいるが、旧峠道の面影を探しながら往時をしのんで歩きたい。道が何回か曲がり、高度を上げると少し歩きやすくなり、峠も近い。

木ノ根峠には石仏や石碑がたくさんあり、先人の祈りの深さを伝えている。北方には高崎公園の景観を超えるすばらしいパノラマが広がっている。

ここから先は南の丹生《にゅう》方面に下るのが峠越えだが、道が荒れて不明瞭なため、一般には先に進むことはすすめられない。

展望を楽しんだら、来た道を**高崎公園駐車場**まで戻り、さらに往路のガードを右折して林道を木ノ根トンネルに向かう。

トンネルを出るとすぐ左が**原田《はらだ》山《やま》隧道**だ。ここから「原田山さわやか街道」がはじまる。トンネルを3つ抜けて岩婦湖まで続く道である。道路沿いには桜も植えられている。

3つ目の岩婦隧道を抜けると、静かなたたずまいの**岩婦湖**の上に、富山《とみさん》の南峰が顔を出している。湖畔で休憩したのちは、富津館山道路をくぐり、尾根を西に引く富山や落日の東京湾の景観を楽しみながら**岩井駅**を目指す。（植草勝久）

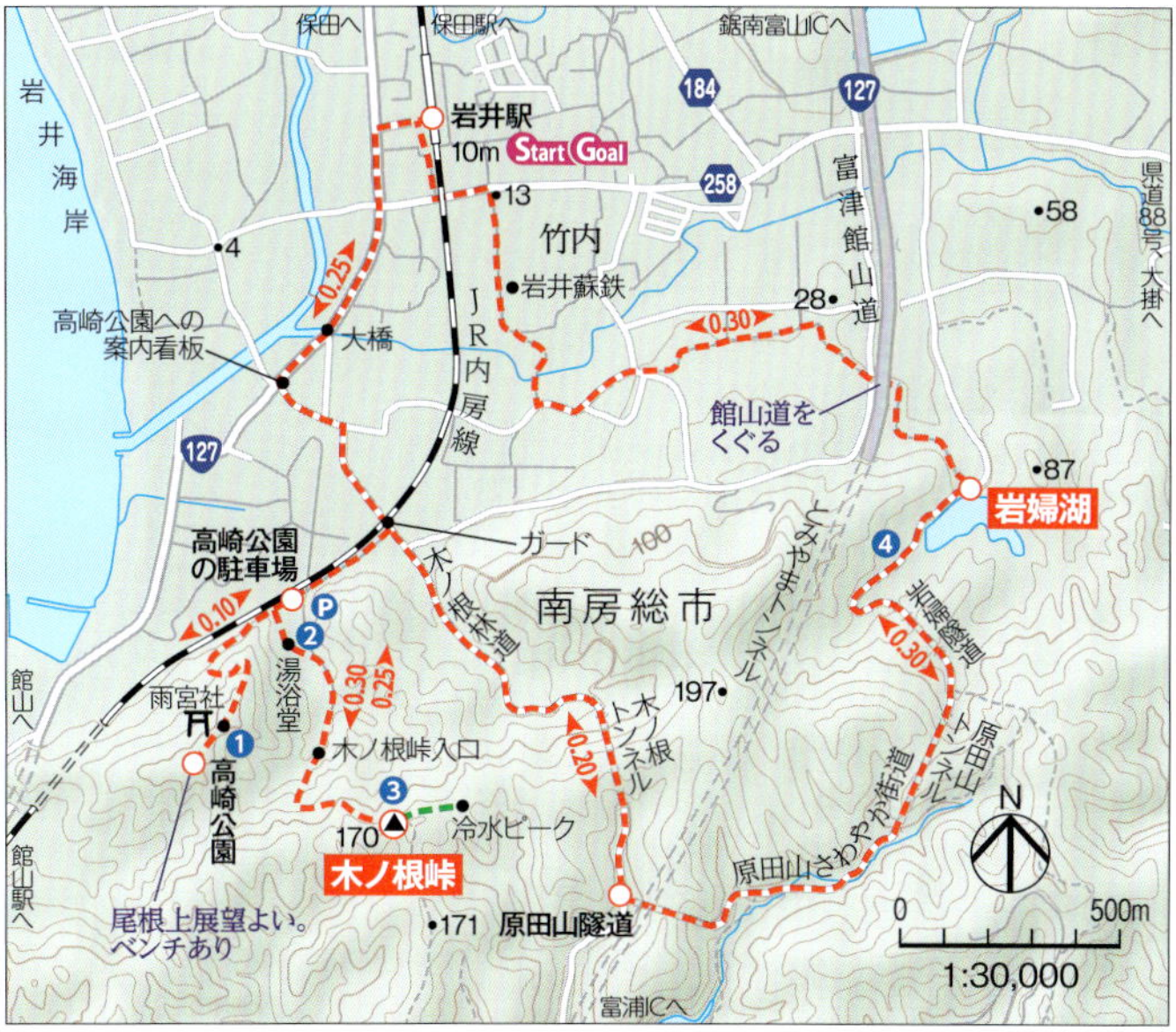

CHECK POINT

町中から案内標識に導かれて高崎公園に到着。満開の頼朝桜の先に津辺野山が望める

同じ道を戻り、山裾の花に囲まれた湯浴堂に寄ってひと休み。これから峠を目指す

石地蔵や石碑の立つ峠に立つ。しばし昔の旅人に思いを馳せる。眺望を楽しんだら往路を引き返す

「さわやか街道」を進むと岩婦湖と旧温泉宿の建物が見えてくる。その上に富山の南峰が顔を出す

■問合せ先
南房総市観光プロモーション課☎0470・33・1091、鋸南タクシー☎0470・55・0239
■2万5000分ノ1地形図
保田・那古

樹高7.5メートルの大きな岩井の蘇鉄

43

海と南房総の山々を展望し、桜を楽しむ

海老敷金比羅山

滝田城址

えびしきこんぴらやま 208m

たきたじょうし

日帰り

歩行時間＝4時間

歩行距離＝10・4㎞

技術度

体力度

コース定数＝17

標高差＝192m

累積標高差 ↗678m ↘668m

↑菜の花咲く麓から金比羅山を遠望する

←金比羅山からは大展望が広がる

太平洋と東京湾を望む海老敷金比羅山の山頂には金比羅様が祀られている。麓の海老敷の人たちはこの金比羅様に参り、花見を楽しむという。山麓から山上をめぐる林道や二反森《にたんもり》にも桜が植えられ、さまざまな桜花を楽しむことができる。

少し足をのばし、遠見山《とうけんやま》から八犬伝発祥の城とされる滝田城址を訪ねるコースを紹介しよう。

田園地帯の広がる**千代原《せんだいはら》のバス停**がスタート地点だ。平久里《へぐり》川を渡るとまもなく林道大学口《おおがくち》上滝田線の分岐である。ここには**林道ハイキングコース**の案内板がある。

さらに先に進み、**海老敷集会場**先の道を左へ。集落の中を通り抜け、海老敷第二堰に向かう。

堰堤に上がると金比羅山の山頂を見ることができる。ここからコースは少し荒れ気味になるが、テープなどの印を見ながら登ろう。堰堤のはずれから入り、沢状の窪みを登ると尾根の鞍部に出る。ここからは旧参道の尾根を進み、山腹を行くようになる。開けたところを右に登ると、赤い鳥居のある山頂の一角に出る。

海老敷金比羅山山頂からは館山《たてやま》

■鉄道・バス

往路＝JR内房線館山駅から日東交通バス平群線で千代原バス停下車。復路＝往路の路線の滝田郵便局バス停から館山駅へ

■マイカー

富津館山道路富浦ICから国道127号に出て、296号で三芳方面へ。さらに県道88号を北上し道の駅「三芳村鄙の里」の先が千代原バス停。

■登山適期

晩秋から桜の時期がよい。桜も2月中旬の頼朝桜からはじまり4月の八重桜の咲くころまで楽しめる。

■アドバイス

▽近隣の山名地区にもうひとつの金比羅山があり、本稿の「海老敷金比羅山」に対して「山名金比羅山」とよばれている。

▽麓の三峰山正林寺には千体の粘土づくりの羅漢像を納めた「安心羅漢堂」などがある。

▽滝田城址は地権者でもある御子神勲氏の尽力により、全貌がしだいに明らかにされていて、地元の人の熱意により大切に保存されている。

▽JR館山駅からの路線バス平群線は本数が少ない。

■問合せ先

南房総市観光プロモーション課☎0470・33・1091、日東交通館山営業所☎0470・22・0111、館山中央タクシー☎0470・22・

湾から伊豆大島《いずおおしま》などが望まれる。また、金比羅神社が城の虎口のように玉垣に囲まれて祀られている。

三角点を確認してコンクリートの管理用道路を少し下ると、大学口からの林道に出る。右に進み、林道増間御門《ますまみかど》線に出合ったら右折して、しばらく行くと右手に二反森の入口がある。2㍍ほどの土手を登ると**二反森（さくらおか）**だ。桜が植えられ、ベンチも整備されている。

再び林道に戻り、往路を御門方面に向けて下っていく。林道は旧三芳《みよし》村の人々が自慢するほどの桜の名所で、長い林道歩きも苦にならない。

御門の集落を通り平久里川の**潮之下《しおのした》橋**を渡って県道に出る。北に向かい、案内看板にしたがって左折。畑の中の道を進むと最奥が**滝田城址の入口**だ。整備された尾根を登ると、展望台跡の石積みがある遠見山《とおけんやま》に着く。妖犬八房《やつふさ》の背に乗った伏姫のブロンズ像がある。

さらに進むと城址の最高点に達する。**八幡台《はちまんだい》**とよばれ、八幡宮の小祠がある。ここから東に下山するが、本丸跡や数箇所の曲輪と思われる台地などを見ながら馬場跡に出る。右にヒノキ林を下って城址の入口を抜け、集落の道を右に進むとまもなく県道に出る。向かい側が**滝田郵便局前バス停**だ。

（植草勝久）

0014、道の駅「三芳村鄙の里」
☎0470・36・4116
■2万5000分ノ1地形図
安房古川

CHECK POINT

林道大学口上滝田線の入口。「林道ハイキングコース」はここから入る

山頂を望む海老敷第二堰。堰堤の先から樹林のテープに沿って登る

山頂直下の明るく開けた山腹を赤い鳥居を目指して登る。三角点はこの奥にある

二反森はベンチの置かれた「さくらおか」。富山などの眺望もよい

滝田城址の最高点は八幡台とよばれている。下りは城址を東に向かう

44 ビワの里から雄大な海景を楽しむコース

大房岬
たいぶさみさき　9～81m

日帰り

歩行時間＝3時間40分
歩行距離＝11.5km

技術度
体力度

コース定数＝13	
標高差＝72m	
累積標高差	↗275m ↘275m

↑大房岬海岸園地から美しい断崖の光景が広がる

←法華崎から雀島が手にとるように見える

南房総《みなみぼうそう》市富浦《とみうら》地区は、長崎県の茂木《もぎ》と並んで、日本を代表するビワの産地である。温暖な気候を生かした花の栽培も盛んで、菜の花、ポピー、金魚草、キンセンカなどの花摘みを楽しむこともできる。また、砂浜ではハマヒルガオやコマツヨイグサなどが一面に咲く光景も見られる。大房岬は東京湾に突き出た侵食崖の半島で、自然を生かした公園や展望台、遊歩道が整備されている。ここでは富浦駅を起点に、法華崎《ほっけざき》、大房岬、道の駅の枇杷倶楽部《びわくらぶ》を経て、富浦駅に戻るコースを歩いてみよう。

JR内房《うちぼう》線富浦駅を出ると、「日本一枇杷の郷」の碑が置かれ、海の香りと南国の雰囲気が漂っている。駅前から国道を横切って海岸に向かう。**原岡《はらおか》海岸**に出ると、右に逢島《おおしま》、左に大房岬が眺められる。

砂浜に一面に咲くコマツヨイグサを見ながら法華崎を目指す。逢島を見送り、漁港の脇を通って海岸沿いの道をゆっくりと歩く。豊岡《とよおか》の先には法華崎遊歩道が整備されている。東京湾に浮く雀島《すずめじま》が法華崎の**展望ポイント**で、晴れていれば天城山《あまぎさん》、富士山、三浦《みうら》半島などがすばらしい。

光景を楽しんだら海岸沿いの往路を戻ることにしよう。はるか前

■**鉄道・バス**　往路・復路＝JR内房線富浦駅を利用。東京駅から富浦駅までは特急さざなみ号で約1時間50分ほど。東京駅八重洲南口から道の駅「とみうら枇杷倶楽部」まで「房総なのはな号」を利用する場合は、36とみやま水仙遊歩道を参照。

■**マイカー**　道の駅「とみうら枇杷倶楽部」か大房岬レストハウスの駐車場を利用して周遊する。原岡海岸の駐車場は未整備で利用は要確認。

■**登山適期**　通年楽しめるコースである。冬は菜の花、ポピー、キンセンカの花が咲き、初夏はビワの味覚、夏はキャンプ、磯遊びなどが魅力。

■**アドバイス**　▽特産のビワは5月上旬から6月下旬までがシーズンで、ビワ狩りを楽しむことができる。

▽千葉県初の道の駅「とみうら枇杷倶楽部」は1993年に建設されたもので、アトリウム、自然の中の観察会、観劇会、ギャラリーなど、地域文化の振興と発信基地の役割を果たしている。厳選されたお土産も数多くそろっている。

▽コースは海岸に沿った道をのんびりと歩く。ほとんどフラットな道なので、ファミリーハイキングに好適。

▽大房岬は南房総国定公園に指定さ

※2022年4月現在、法華崎遊歩道は土砂崩れのため通行止めとなっている。

方にこれから向かう大房岬が一望できる。多田良《たたら》海岸の先、富浦漁港の先で鋭く左に折れ、駒澤《こまざわ》大学セミナーハウスを見送り、車道を大房岬方面へ向かう。

大房岬の駐車場には**レストハウス**があるので、立ち寄って情報を入手しよう。展望塔に登れば、大房岬や周辺の光景が一望できる。

整備された遊歩道を進めば、展望台、芝生園地、キャンプ場、要塞跡地、大房岬ビジターセンターが次々と現れる。初夏には海岸園地にハマカンゾウが咲き、みごとな海蝕崖の光景が見られる。

大房岬からは、ビワ畑の間を抜けて、道の駅の枇杷倶楽部に向かう。県道を横切り、瀧淵《たきぶち》神社から田園の道を進む。**道の駅「とみうら枇杷倶楽部」**で特産品のお土産を見たら、**富浦駅**までは20分ほどの行程である。

（中西俊明）

CHECK POINT

富浦駅は南国情緒が漂う

原岡海岸は砂浜がきれいで、法華崎が望める

海岸沿いの法華崎遊歩道、前方に雀島が

大房岬の第二展望台から見た増間島と房総の海景

大房岬の南芝生園地は爽快なところ

道の駅「とみうら枇杷倶楽部」

れ、遊歩道が整備されている。海と山の自然を楽しみながらのんびりすごすことができる。ビジターセンターやキャンプ場、展望塔、駐車場などがある。

■問合せ先
南房総市観光プロモーション課☎0470・33・1091

■2万5000分ノ1地形図
那古

45

日帰り

房ノ大山・沖ノ島

東京湾と太平洋の海景を楽しむ

ぼうのおおやま　193m（1等三角点）
おきのしま

Ⓐ房ノ大山　歩行時間＝1時間35分　歩行距離＝2・6㎞　技術度　体力度
Ⓑ沖ノ島　歩行時間＝1時間　歩行距離＝5・5㎞　技術度　体力度

コース定数＝Ⓐ6　Ⓑ4
標高差＝Ⓐ188m　Ⓑ1m
累積標高差　Ⓐ↗212m　↘212m
Ⓑ↗49m　↘49m

←房ノ大山山頂から館山湾方面を望む。海にある島は沖ノ島

←沖ノ島から東京湾の眺め。好天では富士山がよく見える

房ノ大山は地元では「坂田《ばんだ》の大山」あるいは「ごうやま」とよばれている。戦時下、東京湾を望む山々には、首都防衛のための砲台が設置されており、房ノ大山にも見晴台跡が残っているが、草木に覆われるなどして、最近では見つけるのが難しくなっている。

JR内房《うちぼう》線館山《たてやま》駅から洲崎《すのさき》方面行きのバスに乗り、**坂田バス停**で下車する。海側にトイレがあり、休憩してから出発しよう。バス停から10メートルほど戻り、右側に入る。集落の中を道沿いに進み、民宿庄次郎の横が**登山口**となる。

竹やぶの中を通り、石の階段を登って、さらに竹やぶを進むと急登になる。すべりやすいので足もとに要注意だ。マテバシイの林では森林浴を楽しもう。晴れていれば、木漏れ日がまぶしく、気持ちよく登ることができる。

尾根上の小ピークを越えると、しばらくの間は尾根道で、登り下りを繰り返し、竹林を右側に見ながら登ると平らな場所に出る。そのあと、補助ロープがある場所があり、気をつけて歩みを進めたい。

休憩地から少し登ると、視界が開け、ほどなく1等三角点のある

■鉄道・バス
往路＝JR内房線館山駅からJRバスにより坂田バス停で下車。バスの所要時間は約25分。
復路＝JRバスで宮城バス停から館山駅へ。所要約10分。バスの運行が少ないので注意しよう。
■マイカー
坂田バス停のトイレに駐車場があり、数台駐車することができるが、登山専用ではないので注意すること。沖ノ島には駐車場があり、トイレも整備されている。
■登山適期

CHECK POINT

1 民宿の脇から登山道に入る。標識があり、目印となる

2 竹林を抜けていく。登山道に密集する竹林の力強さに圧倒される

3 登山道途中の標識。背が低くてもりっぱに役目を果たしている

4 房ノ大山山頂の標識と1等三角点。ここから東京湾と太平洋が見下ろせる

5 沖ノ島に続く浜。子供と磯遊びをすることもできる

房ノ大山山頂に着く。眼下に東京湾を見下ろし、晴れていれば丹沢《たんざわ》山系、富士山、南アルプスが見え、伊豆七島の大島をはじめ、いくつかの島々を望むことができる。沖ノ島は北東側に見える。

眺望を満喫したら、登ってきた道を引き返し、沖ノ島に行ってみよう。坂田から館山行きJRバスに乗り、**宮城《みやぎ》バス停**で下車。自衛隊基地前を館山港沿いに北岸の道を行く。砂洲を渡れば**沖ノ島**だ。周囲が1キロほどの小島で、ヤブニッケイやタブノキなどの照葉樹、多様な海岸動植物が共存している。島の周囲では磯遊びをすることもできる。

帰りは**宮城バス停**に戻り、日東交通バスで館山駅に向かう。（伊藤哲哉）

晩秋から早春の空気が澄んでいるころには山頂からの眺望がすばらしい。ただし、夏の房ノ大山は草の生い茂るところもある。

■アドバイス

▽山頂奥の小屋前を左に下ると根本に下ることができる。また、南側の伊戸方面に下るコースもあるが、不明瞭なので初心者には不向き。

▽沖ノ島にミニハイキングコースがあるので、組み合わせて歩いてみよう。所要時間は1～2時間だが、沖ノ島の滞在時間は交通機関に合わせて考えるとよい。夏場は海水浴場になっている。

■問合せ先

館山市商工観光課☎0470・22・3346、JRバス関東館山支店☎0470・22・6511、日東交通館山営業所☎0470・22・0111

■2万5000分ノ1地形図

館山

46 館山野鳥の森

小鳥のさえずりを聞き、木の香を楽しむ公園散策

たてやまやちょうのもり
147m（天神山）

日帰り

歩行時間＝3時間10分
歩行距離＝4・0km

技術度
体力度

コース定数	＝9
標高差	＝135m
累積標高差	登 240m / 下 240m

平砂浦海岸を望む。遠くに洲崎や富士山も見える

館山野鳥の森は、林野庁の「日本森林浴の森100選」指定されている自然豊かな緑濃い森だ。この森では、夏はサシバやホトトギス、冬はツグミやノスリなどの渡り鳥が観察できるほか、年間を通して野鳥に出会うことができる。展望台からは平砂浦《へいさうら》海岸を眼下に眺め、遠くに富士山、丹沢《たんざわ》、天城《あまぎ》の山々、伊《い》豆《ず》大島《おおしま》を眺望できることもある。森林には、スダジイやヤブツバキなどの照葉樹林、植栽されたマテバシイ、コナラが多い。県内最南端に自生するモミの木は、学術的に貴重である。春のサクラやツバキの花もみごとである。なお、この森の東側には**安《あ》房《わ》神社**が隣接している。

まず復路との**分岐**から右に館山野鳥の森管理事務所に立ち寄り、

平砂浦海岸から見た館山野鳥の森

桜の時期の安房神社参道

■鉄道・バス

往路・復路＝JR内房線館山駅からJRバス安房神戸廻り白浜行きに乗車、安房神社前バス停で下車する。所要約20分。

■マイカー

館山方面からは、国道410号を進み、安房神社前で左折し、館山野鳥の森駐車場を利用する。事務所にトイレあり。

■登山適期

通年楽しめるコースだが、気温が高い夏季の日中は避けた方がよい。春と秋がおすすめである。

■アドバイス

▽利用時間は午前9時から午後4時30分まで。入園無料。

▽ハイキングコースからはずれないこと。

▽崖や崩壊地、マムシ、スズメバチなどの危険動物やウルシ、トリカブトなどの有毒植物に注意すること。

▽ハイキングの途中に、四季折々の花が楽しめる南房パラダイスや花摘み農園などに立ち寄るプランを立てても充実した一日になる。

■問合せ先

千葉県立館山野鳥の森管理事務所☎0470・28・0166、館山市観光協会☎0470・22・2000、JRバス関東館山支店☎0470・22・6511、道の駅「南房パラダイス」☎0470・28・1511

案内図を入手しよう。館山野鳥の森には、4つのハイキングコースが設けられており、ここでは小鳥の声、森林浴、展望が楽しめるグリーンコースを紹介しよう。管理事務所前を通り、大型ネットの禽舎を抜けて富士見展望台に向かう。この先にある国見展望台、平砂浦展望台のいずれからも、眼下に平砂浦海岸、洲崎《すのさき》が見える。冬季には、富士山を遠望できる機会も多い。

整備されたコースを標識に沿って歩こう。天気のよい日は、木漏れ日がまぶしく、さまざまな小鳥の鳴き声を堪能することができる。ピーヒョロ見晴らし台からは、これから向かう天神山《てんじんやま》がよく見える。マテバシイのトンネルを抜け、いっきに西沢《にし》まで下る。西沢では天神山に向かう標識を見失わないよう注意しよう。100メートルほどの急坂を登ると大島展望台に着き、わずかに登れば**天神山**だ。

下りは、ピクニック広場を目指そう。水辺の森を通り、西沢の池を左に見ながら足を進める。しばらくするとピクニック広場が見えてくる。あずまややベンチがあり、お弁当には絶好の場所である。最後に四季の森を通り抜け、**安房神社**の境内に下りる。（伊藤哲哉）

■2万5000分ノ1地形図
館山

CHECK POINT

1

平砂浦展望台への道。高台の展望台からは房総の海がよく見える

2

西沢への標識。道標は整っているので、行き先をよく確認して先に進もう

3

天神山山頂のあずまや。登りで疲れた身体をいやそう

4

ピクニック広場。子供が自由に遊べる広場だ

47

山麓のお花畑からマテバシイに囲まれた頂へ

高塚山

たかつかやま 216m

日帰り

歩行時間=2時間10分
歩行距離=4・0km

技術度

体力度

コース定数=8

標高差=205m

累積標高差 ↗237m ↘237m

高塚山の麓に広がるお花畑から山頂方面

高塚山の一角から澄んだ太平洋が望める

房総《ぼうそう》半島南端の南《みなみ》房総市千倉《ちくら》町は、黒潮の恩恵を受けて冬でも暖かく、海辺のお花畑はキンセンカなど早春の花に彩られる。そのお花畑とマテバシイに覆われた高塚山を結ぶコースは、冬の陽だまりハイキングに絶好である。216メートルの山頂には高塚不動尊奥ノ院が祀られ、爽快な大海原や海辺の街並みを一望する道の駅「潮風王国」などもある。登山口周辺にはいくつも駐車場が整備されているので、マイカー利用のハイキングに最適。

JR内房線千倉駅から**大川**《おおかわ》までは安房《あわ》白浜《しらはま》行きのバスに乗る。高塚不動尊の標識を見て家並みの間を進む。潮風を肌で感じながら、高塚山を目指して進む。まずは**高塚不動尊**でハイキングの無事を願ってから出発しよう。

高塚不動尊から奥ノ院が祀られた山頂までの距離はおよそ880メートルで、墓地の間から山頂を目指す。大海原を背に山里の農道を進み、房総半島特有のマテバシイの樹林帯へ。この先、山頂まで眺望は期待できない。階段状に整備されたハイキング道をゆっくりと登る。

■鉄道・バス
往路=JR内房線千倉駅から安房白浜行きのバスに乗り、13分で大川へ。午前中4便と少ないので事前に調べること。東京駅八重洲南口から道の駅「とみうら枇杷倶楽部」まで「房総なのはな号」を利用する場合は、36とみやま水仙遊歩道を参照。
復路=白間津お花畑バス停から千倉駅へ。

■マイカー
千倉大橋付近の公園駐車場（無料）が利用できる。トイレの設備が整い、七浦まで10分ほど。

■登山適期
白間津から七浦付近のお花畑が美しく彩られる1月下旬から2月中旬がおすすめ。

■アドバイス
▽国道40号沿いにはお花畑が広がっていたが、近年、お花畑はめっきり少なくなった。
▽白間津お花畑バス停前は色鮮やかなお花畑が広がり、その奥には太平洋の大海原が望める。花摘みをして早春の彩りをお土産にしてもよいだろう。
▽道の駅「ちくら潮風王国」がある。新鮮な海産物のお土産を購入できる。

■問合せ先
南房総市観光プロモーション課☎0470・33・1091、日東交通館山営業所☎0470・22・0111

心地よい汗が流れるころ、ベンチが置かれた地点に着く。さらに、富士浅間神社と富士山登山の記念碑を左に見送り、傾斜が緩くなった歩きやすい道が続く。

十字路で左に三角点方面を見送り、まっすぐ進んで苔むした石段を登り、鳥居をくぐる。まばらになった樹林から冬の日差しがこぼれ、房総の低山の魅力が感じられる。左から右へと曲がりくねった道が続き、左側に地元の剣豪が住んだと伝えられる洞窟があったが荒廃している。階段を登ると**高塚山**に着く。マテバシイで囲まれた山頂には高塚不動尊奥ノ院が祀られている。東側の一角が開け、キラキラ輝く太平洋と海岸沿いの町並みが見わたせる。

展望を楽しんだら、石段を下って**十字路**を左に合有戸《がゆど》溜池方面の下山道へ。分岐を左に入れば、山頂から15分ほどで**合有戸溜池**に着く。

下山は**長性寺**《ちょうしょうじ》**入口**、**高皇産霊**《たかむすび》**神社**を経て、山麓に下り立ったら、海辺の家並みとの間に広がる畑のあぜ道を右に折れる。暖かい日差しを浴び、お花畑が少なくなった田畑の間を抜けて**白間津**《しらまづ》**お花畑**《はなばたけ》**バス停**に向かう。途中のお花畑には、キンセンカ、ポピー、ストック、菜の花などの花が彩り豊かに咲いている。

（中西俊明）

■2万5000分ノ1地形図
千倉

CHECK POINT

高塚不動尊の前に高塚山の登山口がある

マテバシイの樹林を進み、石段を登れば山頂は近い

山頂には高塚不動尊奥ノ院が祀られている

登山口になっている合有戸溜池脇に下る

48

古のロマンを秘めた秘峰に登る
経塚山

きょうづかやま
311m

歩行時間＝3時間20分
歩行距離＝8・8km

日帰り

技術度

体力度

コース定数＝**13**

標高差＝269m

累積標高差 450m 450m

経塚山の山頂からの大展望

石堂原集落の背後にそびえる石堂林

南房総《みなみぼうそう》市旧丸山《まるやま》町にある経塚山は、300メートルを超える標高をもちながら、登る人の少ない不遇の山であった。そのわけは登路が整備されてなく、やぶが深いためである。しかし、最近は地元の人たちのコース整備や伐採のおかげで、だいぶ歩きやすくなってきた。

経塚山へのアプローチは国道410号の**川谷《かわやつ》バス停**からだ。国道はすぐに宮川《みやかわ》橋で丸山川を渡るが、橋を渡らずに直進、特養ホームの脇を通り、田園風景の中を石《いし》堂原《どうはら》の集落へ向かう。経塚山の前衛峰、石堂林《いしどうりん》（山）を背にした豊かな集落だ。

石堂原集落のいちばん東の奥まで進むと、道は3方に分かれる。登り勾配の真ん中の道をとると、すぐに**農業用溜池**が現れる。この堰堤を渡ったところが登山口である。道は意外と広く、少々荒れたところもあるが迷うことはない。右から温石《おんじゃく》川沿いの**大谷《おおやつ》からの道**を合わせ、さらに進むと左手に280メートル峰の石堂林が間近で、その奥に御殿山《ごてんやま》が特徴のある山頂を見せている。マテバシイなどに覆われた気持ちのいい尾根を快適に進む。

石堂林に向けてひと登りするが、山頂は通らず右を巻いていく。尾根の東側につけられた道を淡々と進む。最後に傾斜のきつくなった斜面を登ると山頂の一角に出る。**経塚山**の山頂には3等三角点の

■**鉄道・バス**
往路・復路＝JR内房線館山駅から日東交通バス丸線で川谷バス停下車。所要時間40分。

■**マイカー**
富津館山道路鋸南富山ICから県道89号で鴨川方面へ。大井から国道410号を南三原方面へ。小野次郎右衛門忠明生誕地公園に駐車場がある。

■**登山適期**
下草が枯れる紅葉のころから、山々の木々がいっせいに芽吹く春までが登山に適している。

■**アドバイス**
▽経塚山はマテバシイなどの大木に覆われ、昼なお暗く、なにか謎めいた山である。嶺岡山系のどこかに埋めたと伝えられる「里見家埋蔵金」の話や奇岩・蛙石のことなど古のロマンを秘めた山である。また、付近にはかつて軍馬を育成していた嶺岡五牧のひとつ、柱木牧があった。
▽川谷バス停までは館山からバスの便があるが、本数が少ないので事前に調べること。
▽川谷バス停のひとつ手前は、石堂寺である。距離にして400メートルほど。帰りには日本三石塔寺のひとつといわれる石堂寺を見学するとよい。石堂寺は、国宝の十一面観音や本堂など多くの文化財を擁する名刹である。
▽小野次郎右衛門忠明生誕地公園は、徳川2代将軍秀忠の剣術指南で

CHECK POINT

1

川谷バス停から特養ホームの脇を通り、田園風景の中を石堂原の集落へ向かう

2

集落のいちばん東の奥から農業用溜池に出る。堰堤を渡ったところが登山口となる

3

3等三角点の置かれた経塚山山頂。北の方角に御殿山や嶺岡丘陵が望める

4

山頂から尾根を10分も北東へ進むと、なにかいわれのありそうな蛙石がある

5

国道に出て安房中央ダムをすぎるとよく整備された小野次郎右衛門忠明生誕地公園がある

標識と木製のベンチがある。広く刈り払われた気持ちのいいところで、北方に嶺岡《みねおか》丘陵や御殿山などのパノラマが広がっている。

ここで**蛙石**《あんごいし》を往復しよう。北東方向の明瞭な尾根を10分も行くと、右手上にある奇妙な形をした岩がそれだ。雨乞い信仰の対象となっていたのだろうか。

山頂まで戻り、安房中央ダム方面の犬切《いぬぎり》集落へ下山する。このコースの上部はマテバシイの純林がすばらしい。北西に下りる枝尾根の斜面を下っていくと、竹やぶの中の道となり、石灯籠や石祠が出てくる。集落の山神様のようだ。この先の広場を右に行くと林道に出る。何度かカーブを繰り返して林道を下る。

民家が出てくると国道の**犬切バス停**は間近だ。ただし、下山時間帯のバスの便はないので、国道を南に**川谷バス停**まで歩いて戻る。途中、鯨岡《くじらおか》の手前に小野次郎右衛門忠明生誕地公園があるので一服するとよい。（植草勝久）

あった一刀流小野次郎右衛門忠明（旧姓を御子神典膳）の生誕地を記念した公園である。

■問合せ先
南房総市観光プロモーション課☎0470・33・1091、日東交通館山営業所☎0470・22・0111、館山中央タクシー☎0470・22・0014

■2万5000分ノ1地形図
安房古川

49

日帰り

花嫁が歩いた道を展望の頂へ

烏場山・花嫁街道

からすばやま　266m
はなよめかいどう

歩行時間＝5時間
歩行距離＝13・5km

技術度
体力度

早春には花嫁街道入口に向かう途中に菜の花が咲く

コース定数	＝19
標高差	＝254m
累積標高差	↗684m ↘684m

南房総《みなみぼうそう》市和田《わだ》地区は、温暖な気候に恵まれ、花の産地として知られている。海沿いの南斜面には菜の花、キンセンカ、ヤグルマソウなどのお花畑が広がり、12月から花の彩りが楽しめる。紹介する烏場山はJR内房《うちぼう》線和田浦《わだうら》駅から4・4キロ北に位置する266メートルの低山で、マテバシイの純林、山頂からの眺望、黒滝《くろたき》など、見るべきポイントが多い。

ここで紹介する烏場山・花嫁街道は千葉県でもっとも人気があるハイキングコースのひとつで、「花嫁街道」の名前に誘われて訪れるハイカーも多いようだ。地元の和田浦歩こう会の尽力で登山道や道標が整備されているので、迷うことなく歩くことができる。

かつて、山に囲まれた村から暖

■鉄道・バス
往路・復路＝JR内房線和田浦駅が起・終点となる。

■マイカー
富津館山道路富浦ICより約19キロ。花嫁街道入口手前に、10台ほどの駐車スペースがある。

■登山適期
晩秋から春にかけてがおすすめのシーズン。特に冬から早春は南房総の特徴が肌で感じられるベストシーズンだ。お花畑には菜の花、キンセンカ、ポピーなどが咲き、春になるとヤマザクラやスミレなどが訪れたハイカーを迎えてくれる。7～9月は暑いのでおすすめできない。

■アドバイス
▽東京駅から和田浦駅までは内房線特急さざなみ号、外房線特急わかしお号を利用する。いずれを利用しても君津駅や安房鴨川駅で乗り換えて和田浦駅に出る。所要時間は2時間30分から3時間ほど。
▽コースはよく整備され、道標があちこちにあるので迷う心配がない。
▽南房総の花栽培のパイオニア、間宮七郎平が昭和初期につくった抱湖園（花木園ともよばれる）では、1月下旬から2月中旬にかけて寒桜が咲くので、ぜひ見ておきたい。
▽マテバシイの純林は独特の雰囲気が漂っている。照葉樹林のマテバシイは房総の山々に多く自生している。

かい海辺の村に花嫁が嫁いだ道が、今日では烏場山に登るコースとして歩かれるようになった。コ

烏場山から五十蔵の集落と富士山

第一展望台付近から烏場山の山容が望める

▽和田浦は全国的に有名な生花の産地。田宮虎彦の小説『花』の舞台になったところで、12月の菜の花にはじまり、キンセンカなどが次々に咲く。

▽和田町は国内有数の捕鯨基地のひとつ。名産品に鯨肉を干した「鯨のタレ」がある。

■問合せ先

南房総市観光プロモーション課☎0470・33・1091、和田浦歩こう会☎090・4360・2735

■2万5000分ノ1地形図

安房和田

ースの要所で昔の面影を感じながら登れることが魅力になっている。おすすめの時期は麓の畑に菜の花が咲き、コースにヤマザクラが咲きはじめる季節がよいだろう。

和田浦駅から内房線に沿って鴨川方面に向かう。道標にしたがって左に折れ、温室の間を通って、**花嫁街道入口**へ。しばらくは凹地の急斜面が続く。尾根に出るとアップダウンが少なく、20分ほどで樹間から烏場山が眺められる第一展望台に着く。

シイの巨木やヤブツバキが咲く道は歩きやすい。小ピークをいくつか越えると第二展望台だ。続いて不思議な光景のマテバシイの純林を抜ければ、シイの巨木が岩を抱きこんだ**経文石**《きょうもんいし》が現れる。

続いて600ｍ《メートル》ほどで落人伝説にまつわる地名のじがい水《すい》に着く。カエデやミズナラなどの広葉樹が続き、新緑、紅葉のころに美しい光景を見せてくれる。

駒返《こまがえ》しの先で鋭く東に折れる。南側の展望が開けたカヤ場は「見《み》晴台《はらしだい》」ともよばれている地点。北に五十蔵《ごじゅうくら》方面の分岐を見送れば

↑第二展望台付近の美しいマテバシイの純林

↑幽玄な雰囲気が漂う黒滝

CHECK POINT

1 起点となる内房線和田浦駅

2 花嫁街道の登山口。烏場山を目指す

3 冬の暖かい日差しが心地よいカヤ場

4 烏場山は樹林に囲まれた小ピーク

5 見晴台は太平洋が望める休憩地

6 明るく開けたはなその広場から和田浦駅に向かう

第三展望台で、五十蔵集落が箱庭のように眺められる。

展望台から階段状の道を一歩一歩登れば、花嫁の地蔵が置かれた**鳥場山**に立つ。ヤブツバキの咲く山頂には三角点が置かれ、樹間から伊予《いよ》ヶ岳《たけ》、高宕山《たかごやま》、清澄山《きよすみやま》、太平洋などを望むことができる。

下山は花婿《はなむこ》コースに入る。旧鳥場展望台までは10分ほどだ。整備された尾根道を見晴台へ。さらに金毘羅山《こんぴらさん》から急下降すれば、落差15メートルの黒滝に着く。**はなその広場**から黒滝コースに入り、**抱湖園**《ほうこえん》で花と太平洋の光景を眺めながら**和田浦駅**に戻る。

（中西俊明）

50

笠森観音から小ピークが連続するハイキングコース

笠森グリーンルート

日帰り

歩行時間＝3時間
歩行距離＝7・0km

技術度 体力度

かさもりぐりーんるーと
135m（最高地点＝野見金公園）

コース定数＝11
標高差＝90m
累積標高差 312m 323m

←国の重要文化財の笠森寺観音堂。笠森グリーンルートはここからスタートする

←橋から見る蔵持ダム

日本で唯一という四方懸造り《しほうがけづくり》の建築様式が貴重な笠森観音は、国の重要文化財に指定されている。784年に最澄が楠の霊木で十一面観音菩薩を彫って安置したと伝わる古刹で、その十一面観音像が本尊である。笠森観音の南側にのびる小さな尾根道は関東ふれあいの道の「観音様のみち」として整備され、「笠森グリーンルート」ともよばれている。笠森一帯は暖帯性照葉樹林の自然林が天然記念物に指定されている。豊かな自然の中を、鳥のさえずりを聞きながら歩いてみよう。

JR茂原《もばら》駅から小湊《こみなと》バスで**笠森バス停**下車。100㍍《メートル》ほど茂原方面に戻り、表参道を進む。切通しの道をたどり、左手に子授けクスノキを見て山門をくぐると**笠森寺**が眼前にそびえる。巨大な岩の上に建ち、空中に飛び出たような回廊からの展望はすばらしい。グリーンルートは観音堂の裏手がスタート地点になる。

森の中に入っていくと、すぐに天満宮平《てんまんぐうだいら》とよばれる小広場になり展望台がある。春は桜が咲き、お花見が楽しみな場所だ。遊歩道を進むと左手に霊園が見えてくる。

■鉄道・バス
往路＝JR外房線茂原駅から小湊バス上総牛久駅行きで笠森バス停下車。または小湊鉄道上総牛久駅から小湊バス茂原駅行きで笠森バス停下車。
復路＝岩撫バス停から長南車庫経由で茂原駅へ。

■マイカー
圏央道茂原長南ICから国道409号で笠森観音へ。千田交差点から約4㌔で笠森観音入口。約50台の無料駐車場がある。

■登山適期
年間を通して季節の植物を観察できる。木々が紅葉する秋から、桜やミツバツツジ咲く春の山行がよい。

■アドバイス
▽笠森観音の拝観時間は朝8時から夕方4時30分まで（冬季は4時まで）。拝観有料。
▽トイレは笠森観音とコース途中に1箇所ある。
▽登山道は狭く両側が切れ落ちている箇所もあるので慎重に通過したい。
▽バスの便は少なく、時間調整が難しい際はタクシーを利用しよう。

■問合せ先
長南町産業振興課☎0475・46・3397、小湊バス長南営業所☎0475・46・3581、長南タクシー☎0475・46・0003、ゆたかタクシー☎0475・46・012

道はしだいに細い尾根道となり、小さなアップダウンを繰り返して楽しい。ラクダの背をすぎ、百山《ひゃくさん》望《ぼう》とよばれる小ピークに着く。樹林に覆われて展望はない。

小ピークを何度も越えたあと、コースは一度**車道**に下り立つ。左に少し進み、案内表示にしたがって再び山に入る。あずまやのある観湖台《かんこだい》をすぎ、尾根道を進んでいくとやがて林道に出る。ここは右に折れ、蔵持《くらもち》ダムにかかる橋を左手に見て進むと車道に出る。

ユートピア笠森（2022年4月現在改修中）をすぎ、さらに進むと**野見金公園**《のみがね》だ。アジサイなど季節の花を楽しめる散策路が整備されている。トイレはさらに車道を進んだ駐車場にある。

関東ふれあいの道の標識にしたがって下山しよう。素朴な山里の風景を味わいながら車道を下り、集落に出ると町内巡回バスの**岩撫**《いわなで》**バス停**があ る。長南《ちょうなん》車庫で茂原駅行きのバスに乗り換える。

（田口裕子）

CHECK POINT

参道を歩いて笠森観音へ向かう。途中に子授けクスノキがある

展望台から見た笠森。深い緑に覆われている

アップダウンを繰り返しながら進む。階段が多い

一度車道に出る。そのまま向かい側の山に入っていく

長南町民により桜や梅の木が植林された野見金公園。眺望もすばらしい

岩撫バス停に出る。バスの便は少ないので、利用する場合は事前にダイヤを確認しておこう

3、笠森観音☎0475・46・0536
■2万5000分ノ1地形図
鶴舞

中西俊明

植草勝久

伊藤哲哉

田口裕子

●著者紹介

中西俊明（なかにし・としあき）

1945年千葉県生まれ。房総の低山から白馬岳、北岳などをはじめ、スイス、ニュージーランドなど幅広い山域を撮影。季節が移ろう瞬間や星空の撮影が得意。ガイドブックの執筆やデジタルカメラの講演、撮影会講師で活躍中。EIZO ColorEdgeアンバサダー、クラブツーリズム講師、「NAKA風景写真塾」主宰。著書はアルペンガイド『白馬・後立山連峰』『山岳写真上達法』（山と溪谷社）など多数。

植草勝久（うえくさ・かつひさ）

1944年千葉市生まれ。高校時代より八ヶ岳や会津の山、剱岳を中心にオールラウンドな登山を実践。1975年のカナダMt.ローガン登頂をはじめ、チロル、ボルネオ、ヨセミテなど海外の山に登る。千葉国体山岳競技のコース調査以来、房総の山にも親しむ。現在、中高年登山の普及・振興に尽力。千葉ハイキング連盟を設立。稜渓山岳会員。

伊藤哲哉（いとう・てつや）

1969年神奈川県生まれ。千葉県在住。高校時代に登山をはじめる。北アルプス、南アルプスを中心に山岳写真撮影の活動をしている。近年、房総の低山から見る海景やお花畑に魅力を感じ、千葉県の山の撮影も多い。本書では南房総、館山、鴨川周辺の山域を担当した。日本山岳写真協会会員。

田口裕子（たぐち・ゆうこ）

1971年生まれ、千葉県在住。フリーランスのライター。学生時代より山歩きをはじめ、現在は沢登りが中心の社会人山岳会「徒登行山岳会」に在籍。本書では清和県民の森周辺の山域を中心に8コースを担当。自然と人との関わりをテーマに、房総半島の多様な植生や深い森の魅力を執筆とイベント等で伝えていくことをライフワークとして活動中。

分県登山ガイド11

千葉県の山

2018年4月5日 初版第1刷発行
2022年4月5日 初版第2刷発行

著　者 —— **中西俊明・植草勝久・伊藤哲哉・田口裕子**
発行人 —— **川崎深雪**
発行所 —— 株式会社 **山と溪谷社**
〒101-0051
東京都千代田区神田神保町1丁目105番地

■乱丁・落丁、及び内容に関するお問合せ先
山と溪谷社自動応答サービス　TEL03-6744-1900
受付時間／11:00～16:00（土日、祝日を除く）
メールもご利用ください。
【乱丁・落丁】service@yamakei.co.jp
【内容】info@yamakei.co.jp

■書店・取次様からのお問合せ先
山と溪谷社受注センター
TEL048-458-3455　FAX048-421-0513
https://www.yamakei.co.jp/

印刷所 —— **大日本印刷株式会社**
製本所 —— **株式会社明光社**

ISBN978-4-635-02041-1

●乱丁、落丁などの不良品は送料小社負担でお取り替えいたします。
●定価はカバーに表示してあります。

●編集
WALK CORPORATION
皆方久美子

●ブック・カバーデザイン
I.D.G.

●DTP
WALK DTP Systems
水谷イタル　三好啓子

●MAP
株式会社 千秋社

■本書に掲載した地図は、国土地理院長の承認を得て、同院発行の数値地図（国土基本情報）電子国土基本図（地図情報）、数値地図（国土基本情報）電子国土基本図（地名情報）、数値地図（国土基本情報）基盤地図情報（数値標高モデル）及び数値地図（国土基本情報20万）を使用したものです。（承認番号　平29情使、第1038号）

■各紹介コースの「コース定数」および「体力度のランク」については、鹿屋体育大学教授・山本正嘉さんの指導とアドバイスに基づいて算出したものです。

■本書に掲載した歩行距離、累積標高差の計算には、DAN杉本さん作製の「カシミール3D」を利用させていただきました。